紹興大典 史部

民國新昌縣志 3

中華書局

新昌縣志卷十

人物

循吏

五代

陳顯青州人梁開平二年任遂家於前山根原志作丞當時有令及尉而無丞考詳職官表乾隆府志於各邑所無之官而誤因原志書之亦失檢　曾孫捷宋咸平二年進士爲青州助教至十三世非熊吏以忠節著由成化氏族志增

宋

令

張公良字希留青州壽光人太平興國中爲邑令立縣治建邑庠

勤於政事卒於官不能歸民卜地葬之名曰官阡志稿稱本宏治府志後遂
家於邑裔孫鎬癸丑領江甯漕舉授登仕郎爲藍田主簿由成化氏族志增

王噲制敕有曰朕惟縣令乃一方之師表最爲親民不得其人貽
害非細新昌僻附山溪民樸而號稱難治以爾老成通敏往復
乃事無曠厥官可嘉祐元年四月六日任滿家於三溪原職官志注
至今民猶寶之是必能稱其職者乾隆府志列淳祐九年任則表不宜在開慶後評本稱萬歷志亦作淳祐茲以其年較有月日可憑當必見是誥勅補入者概皆更正

葉均嘉祐七年任爲民奏免折納民皆德之原志注

朱珉青州人治新八年民咸感佩留住東鄉里人析地以居讓不

受因名讓里子聽政和進士孫處仁隆興進士原職官志注

陳橐字德應餘姚人登政和上舍第任天台黃巖臨海新昌令皆以愷悌稱呂頤浩欲授爲御史約先一日見橐曰宰相用人乃使之呈身耶謝不往趙鼎李光交薦其才紹興二年除監察御史論事不合以宰邑有治行除江西運判官至徽猷閣待制王十朋爲風土賦論近世會稽人物曰杜祈公之後有陳德應府志

志稿稱由宋史增

林安宅閩三山人紹興十二年知縣事至即修廢墜敦教化改建學宮置田養士更修縣治坊郭門巷祠廟築東堤以禦水患浚七星井開孝行砯民至今利賴之宋時有功於縣者安宅爲最

累官尚書參知政事士民懷之肖像立祠曰止水廟萬歷志著有南海集三十卷見宋史藝文志評本

史浚字堯翁才之子才爲永嘉守李光發幕浚方就傅附學部齋每旦必束書以俟户外寒暑如一光奇愛之以父澤補將仕郎監潭州南嶽廟乾道六年調古田尉兄浩帥閩避親不赴淳熙四年知新昌縣朱熹爲提舉一見如舊即以滯訟委之天台有王烏頭者以析產訟三紀矣浚召其黨諭之曰至親終訟未有不破家者我非不能處斷一有勝負汝必將復訴遂與酒肴使交相悔謝明日復拜庭下曰今不復訟矣熹深爲器重自是親戚有訟率以此處之或使拜起揖遜於前而去得罪於父母者

輕重亦惟父母是聽曰吾盡法則傷恩矣催科不擾而集嘗曰寬之於粒米狼戾之時而廹之於半菽不給之際是罔民也乃爲曉諭數百言謂及今不輸納將來不免追催讀者咸感悟邑在山間趨辦役夫以應過客月或至數四淩令鄉各置籍據籍點差自輦輸官物之外一無所役三年間戶不過再及至遠者或終不及也大谿自天台而下溉田甚廣舊有堤常壞淩曰人力不至爾出官錢屬耆老督築民競勸趨其他陂徑修繕者無不堅久鄉吏銷鈔不以時遇有黠吏追擾及已輸之民淩慰勞其人問道里期會之費悉爲還之罰吏金以償吏民困於輸金其弊遂絶僧訟一民負錢至數百緡淩疑之問民妻安在曰近

讐於人矣即詰僧曰此人甚窶何屢貸之汝必私其妻妻讐故訟耳僧語詘又有訟僧殺其子而屍亡者浚念筍蕨方盛此必爲盜被擒而竄爾責僧尋訪而寬其期尋獲之一訊而服或殺人於野而未獲尉即以他盜塞責浚察其非是皆縱使去既而眞盜乃見猶微服至其處覈之與獄辭合縣計逋負以萬數浚考歲入之目窮蠹耗之原曰吏姦耳吾能除之先是歲用一吏司出納羣吏表裏借貸浚使日一易之凡一日之入暮歸諸帑久而寖饒重門頽圮衆人請爲區畫自己一物不取於民有獻木者浚曰官自足用此汝先壠中物或與族黨不平將假手於我耶郤之嘗籍諸鄉之盜拘之民間無復犬吠之警既數月相

率而訴曰某等失業爲此今已知悔且望少寬許其日就傭役夜必歸宿及是皆執役於官復新縣庠行鄉飲禮浚資明而健決兩詞至前情僞立見每曰久訟廢業實官司不決之過及將去任念猾吏後或爲姦利則貧弱必受其害乃許請斷由以備於是請者日至一一給之民感泣請立生祠力止之十三年差權通判婺州積官至朝請大夫嘉泰三年卒年七十有五浚性孝親喪既葬結廬其旁諱日先期齋素哀慕涕洟如始喪女兄適周氏事之甚篤見其卜居以金溪別墅遺之在官以廉節自勵俸給之外凡有例者皆不取好仁樂施其居鄉以古人自期焉樓鑰撰墓志　子彌遜蕭山主簿彌廻嘉泰中餘姚尉府志遷臨海主

簿通志爲海鹽令由鄞志增

錢宏祖台州人嘉定間任重建大成殿有惠於民原職官志注

丁璹字世珍常州晉陵人湻祐中爲縣令値歲荒郡守命賑之璹曰欲行荒政宜緩催科欲恤小民宜優上戶蓋不取乃所以予而藏富實爲資貧也乃緩刑薄歛平糴勸分使有無相濟歲賴以不害旣又作新學政製祭器置學田釋奠割牲皆列圖刻石尤工文詞善篆隸後陞大理評事民立碑以志去思原名宦傳

王世傑金華人寶祐元年知縣事重建學廟修頹起廢立先賢祠於學宮製十二賢贊表林安宅之績身自設教講明理學士風大振鄰邑集講者蓋數百人焉士民德之爲立生祠原名宦傳

周俌字正輔安吉人寶祐四年知縣事剛正明敏時相丁大全引用汚吏預令州縣上供俌舉手誓天曰俌頭可斬決不爲新昌開此例上命督責愈急俌終不變當時咸以頑令目之其後他州縣被害積五六年不已而新昌以俌故獨免秩滿擢監察御史忌者諷臺臣劾去公論惜之原名宦傳

張珣字國珍南軒先生之裔也登淳祐庚戌進士開慶已未任新昌令躬節儉崇禮教是時民財匱於兵而倖臣柄國者專事苛斂珣守正不阿寬徭緩賦雖獲譴不顧元兵南下珣團結義勇爲固守計邑賴以安後卒於官子孫因家焉原志六世孫世賢明監察御史德友給事中由成化氏族志

陳埜字居實性忠直遇事剖析無疑然有度能容人不以摘發爲能年七十有八咸淳三年舉才能異等科授承事郎即任本邑原名宦傳

汪得中鄞人敷文閣學士大猷從子字履道原志誤以字行官丞時勉於所職會邑令更易攝承久之與表兄樓鑰書云邑雖小惟恐無尺寸自見以及吾民雖欲一日暇不可得也鑰以其言爲有理爲作廳壁記由鄞志及玫瑰集增

元達魯花赤

火魯思密畏吾人至元二十四年以進義校尉爲達魯花赤時兩浙鹽法竣吏民因緣爲奸思密得其狀馳白運司民賴以安未

幾有誣彩烟鄉民爲不軌者思密力辯之得釋二十六年二月以公事赴府佐貳官從他役婺州賊楊震龍突入縣治語詳大事紀焚官宇民居刦掠甚慘思密急歸禦之會沿海管軍千戶崔武德等將步騎二百人至猶豫不敢進思密獨騎爲先鋒至豐樂鄉與賊遇遂戰於長潭積三日不解崔死之思密出死得生次日又整衆決戰賊敗走殺獲甚衆三月六日賊唐仲聚衆三千餘人寇安仁鄉思密遣間聲言大軍且至隨卒數十騎襲賊於五峯嶺賊見驚走鼓譟追殺之初八日會有探馬赤總把桑古孫從蒙古軍三十輩過縣而震龍餘黨復寇縣號一萬三千思密輒與其軍邀擊於葫蘆嶴射賊前鋒遂驚潰吏民乘勝追殺

之十六日大司農卿脱脱與石招討各翼萬戶討震龍餘黨檄思密會東陽思密馳往盡降其衆新嵊兩邑以安原名宦傳

尹

李拱辰字廷弼磁州滏陽人黄溍墓誌磁州人至大中爲縣令縣當兵亂後鎮守軍多悍驁剽奪負槨田稻熟將收軍結茅屋居其中民甚苦之拱辰初下車令一日盡撤去敢取民一粟者罪嵊縣達魯花赤高閭欲效所爲衆不從毆辱閭死而復甦縱逆黨遮絶道路使不得白於上官拱辰聞之曰恤災救鄰古之道也是可以坐視哉亟馳驛上聞犯者盡坐罪人皆壯其義云郡有蝗入境監司命官督捕至則峻刑剝削吏民狼狽失所拱辰

執其從者杖而歸其主主者愧服庭無宿訟日與賓佐觴酒賦詩爲樂或遨遊田野間逢文士輒下車禮之時版籍没於兵火拱辰親履畝丈量置魚鱗册比前人計慮尤精（萬歷志）後改歸安尹延祐六年擢監察御史（乾隆府志）

王綸開平長垣人天歷元年任重興學校勸農桑置贍學田碑記尙存（原職官志注）

尉

袁居敬益州人至順中以善政巡檢攝縣尉事治僞鈔有惠政士民德之謠曰民不聊生法不行姦貪詐僞日縱橫爲官盡學袁巡檢世界何憂不太平（原職官志注）

教諭

葉載采台州人至治初任教諭文章高古所製有祭器記刻石大成門内今尚存原職官志注

明

知縣

周文祥淮安人洪武元年知縣事當亂後官廨民居盡燬於火文祥廉明剛決次第修舉靡不周備遷杭州通判卒葬新昌子孫因家焉原名宦傳

賈驥山東泰安州人洪武四年任公勤廉謹政尚寬平民訟不決者驥乘小肩輿或騎驢親至其處斷之袖數餅食以充飢復持

一小瓢酌溪流飲之民有獻茶湯者不受公暇則召諸生講學諸吏讀律役夫灌蔬每日兩餐惟素粥而已在任九年政化大行遷刑部主事去百姓遮道挽留哭聲動地既而有疑獄欲爲求生不得乃嘆曰奉法則枉民伸民則違法不若自死之爲愈於是從容區處家事復爲書別其親友朝退沐浴更衣自縊而死人人感嘆新昌士民設祭哭之載明一統志原名宦傳

劉彬直隸江都人永樂元年任由教官知縣事公恕廉潔人皆稱之値修龍亭其妻使人以一縑筐寄漆彬不知也人有媒孽之者竟坐此去官輿論惜之原職官志注

馮吉南直上海人由進士永樂三年任廉而有威寬而不縱後調

任去吏民懷之原職官志注

按府志是年餘姚亦同此一人豈先後有調署之任歟志稿

黄聰字彦達山東武城人由監生景泰五年任存心正大省事愛民九載滿去民思之原職官志注

毛鸃字廷瑞直隸長垣人由進士成化元年任居官守法不爲詭隨豪右怨之乃誣以他事聚衆執之鎖禁凌辱極諸苦狀後其事得雪以賢能擢監察御史旋轉浙江廉使未嘗言及往事人皆服其雅量作志者諱其事遂加以吏威民服之語故爲之白其因原職官志注

黄著字誠夫吳江人由進士成化六年任廉勤節愛善詩文能知

人下士時吕獻久沉抑著至即擢首選俞深俞振才俞振英俱爲賞識途遇四人即下車延謁獎與之提學張悦校士得卷默令識認著對無異未幾果並登第一時傳爲美談後陞監察御史去原職官志注志稿增

李楫字時濟汀州上杭人由進士成化十一年任政尚廉公百務具舉民皆安堵以邑未有成志命訓導莫旦據洪武十一年永樂六年景泰五年採葺遺稿纂志十六卷至今文獻足徵其功不可泯也原職官志注

樂經江西淮陽人由舉人成化十四年任政治明敏文學優贍修築東堤有惠於民在任未久而卒原職官志注

唐夔字希韶廣西全州人以弘治庚戌進士知縣事性資明敏折獄曲盡隱衷時稱神明蒞任三月庭無留訟訟有理屈惟畧加朴戒不傳罪立案曰倘有未直俾可他理其用法平恕如此省事節費奸弊盡洗吏胥多辭去（原志）隸卒皆令業屨門不設禁有事得徑入白民呼唐青天謠曰堂堂一片天萬里鏡中懸照見千人膽能雪萬民寃未幾以忤上官調東陽民涕泣送之留像譙樓以志去思後訟有不理者或往東陽求決焉累官至知府（原名宦志）

姚隆字原學應天上元人宏治壬戌進士知新昌縣事以節冗費恤小民爲務凡斷大獄必於公庭焚香告天然後以法按之其

明慎用刑若此原名宦志後陞南部主事去士民餽一無所受時歲旱民多流殍設法賑濟多所全活數辨寃獄有懷金謝者力拒之陞主事後出守荆州志稿本通志增

毛震直隸太倉人由進士正德七年任坦夷簡樸因中年乏嗣諸事務存寬恤造橋平路日行方便告致優遊自適原職官志注

曾時江西豐城人由舉人知縣事嚴毅有爲凡諸事興革虛心講求務盡下情練達刑名屢平反寃獄貴勢有犯立拘其子弟杖之且心無偏繫覺有過誤卽對衆悔改不遑疽發暴卒民爭至喪次哭奠之有扶柩至家者士大夫多美以詩李亞卿一絕云送官情淡接官濃此是民風亦士風有客殘冬扶冷櫬求君當

在古人中卽此可見其清操矣原名宦傳

佟應龍淮安山陽人由進士嘉靖元年任廉明愷悌下車首詢民瘼衆以賦役不均對應龍亟爲平圖里汰冗濫黜奢靡又善劑短量長補偏救弊意在佐小民抑豪右而不露聲色有請托者初不峻拒而臨事一斷以理於法外稍通一二以故士民無强弱咸德之至今父老稱某事善必曰佟侯佟侯云民思之爲立碑南明山肖像茶亭終知府原名宦傳

曹祥字世奇太倉人領鄉薦爲新昌令嘉靖四年任節省里甲悉力備荒歷任九載原職官志注洞坦不設鉤鉅訟者片語而决間擿一二訟師斥之境外民多弗舉女祥乃爲嫁程若嫁厚者責計

裴畚及棄女者以次受法欲築堤捍水親行水次吏民畢從乃手一最重石肩筐土告衆曰視吾力所任而準辰而出酉而罷亦視吾出入爲準不易月堤成爲令九年其俗一變比代邑人之有女者以千數攜而送曰此爾父也母卒遂不復仕本稿志增注通志

姜地江西鄱陽人由舉人嘉靖十四年任吏事精敏興廢舉墜百度値規有古良吏風士民久而思之原職官志注

侯祖德字企竹評本無錫人由嘉靖二十年任縣丞雅有志操時兩衙薪馬皆私倍其額祖德於本額外毫不敢加署縣時廉靖愛民時稱不擾有冤獄力爲雪之侃侃不避也擢江山知縣終太僕寺丞祖德與佟令相後先民德之肖像西郊與佟公並祀原名宦傳

曹天憲字恒卿江西浮梁人嘉靖二十一年以進士知縣事性剛直不習脂韋時縣官公出必攜坊厢盛苞苴廣爲餽遺及祭祀宴飲務極侈靡天憲至躬先儉約一切罷省之不攜家累延諸生直至寢室蔬食相對泊如也慮繁費病民乃著賦役成規勒石儀門邑阻山民苦夫役爲言當道悉減省即取怒貴要不顧一監司過縣首問沃洲天姥天憲正色對曰山不在高有仙則名今仙去矣止荒山耳監司慙而止御史舒汀風裁嚴急人有以譖言入者待憲非禮挺然不爲屈對訟溫詞開諭而聞者凜凜歲旱布袍芒屩行禱烈日中出舍僧寺凡閱月望見枯槁即泣然淚下爲文責城隍欲自焚以謝百姓已而霖雨浹辰歲因

以稔其他修文廟行鄉約表節孝種種不可殫述遷兵部主事去民爲立祠肖像終四川參議原名宦傳
按與原稱二十九年不合詳表中
宋賢字及甫直隸華亭人以嘉靖甲辰進士知縣事廉明方正不務聲華繼天憲爲政遵其約束風裁或稍讓而精審過之庭無滯獄人服其明邑田畝多坍荒或抱空稅奸巧者或饗無糧之田會上司下方田令賢精於勾股法乃教民履畝度田公暇乘肩輿上下山坡躬較量之期月事竣乃編爲經緯二册圖坵片列名號於中以便稽閱一時弊絶賦均至今稱便其天性廉潔始終不渝民以曹宋並稱後擢御史既去肖像祀西郊原名宦志

按志稿於此上注明修孝行碑一事未知何公主任

何孟倫廣東新會人由進士嘉靖二十九年任廉介剛直不畏强禦好賢禮士而惠及於民未朞陞刑部主事原職官志注

卓爾福建長樂人由進士嘉靖二十一年任愛民禮士出於至誠以新邑路當台溫里僅三十應付浩繁遞年共捐田三千四百四畝五分零每年租銀五百一十兩六錢八分五釐八毫帮助現役里長輪流支用至今賴之

萬鵬字雲程直隸武進人少游唐荆川門精經學善解說嘉靖癸丑進士授松陽令改新昌性廉介明習吏治尤精於律令常曰吾訓士惟一經治民惟一律朔望謁學宮必進諸生講論剖析

疑義亹亹忘倦聽訟能得其情民皆輸服時倭寇大亂自台州突至邑舊無城民皆倉皇奔避不保其生賊既退去乃決議築城度方廣量丁土聚石鳩工使民分築之其所經處雖神祠基舍促衆立壞之不顧也間微服往觀察其勤惰而賞罰焉民皆效力趨功朞年而城成然以是晝夜勞瘁竟卒於官室無長物惟虀菜一瓶俸米數斗而已民哭之如喪慈父母爲肖像西郊與宋公並祀（以上二人均原名宦傳）

蕭敏道字曰遜登己丑進士嘉靖四十五年任寬厚仁慈政簡刑清講鄉約勸課讀藹若家人父子焉先是新昌輸糧邊海里遞疲於奔運傾家產者比比敏道申白當道力請革之民賴以蘇

邑治面山負水川流陡注惟憑東提以障後堤壞僅存基址敏道下車先事預防繕垣甃堤既而水漲台剡悉患陸而邑城無恙舊有如坻大有二倉斗級爲民患申請革除利被一邑遷南京刑部主事去士民肖像與曹侯並祀詳參議俞則全碑記（原名宦傳志稿增）

李之達江西東鄉人舉人隆慶四年任居官清苦不擾於民公出自攜蔬糗歲祲嚴禁貧民之攘竊者邑賴以安然性善忘公牘或失檢未幾爲人搆竟調湖廣城步縣去（原職官志注）

謝廷試福建晉江人由舉人隆慶六年任氣雄豪有治才嘗均平圖里重建明倫堂未幾以嚴刻遭搆遂去任（原職官志注）

田琯字希玉福建大田人由辛未進士萬歷二年任有冤獄亟爲出之向俗以人命誣奸每至破産琯痛懲數輩乃革原志邑多盜每鄉廉貞盜一人立爲總甲令其緝捕盜頓息清一統志歲旱徒跣禱赤日中誠感澍應一日行野見田有渠無水怪問之民曰修渠則小民得水則勢家我何苦爲琯乃舍郊外督民濬渠且爲履畝均放之自是負郭田一萬三千餘畝悉成膏腴民每候其出爭爲舉輿歡聲溢田野間作分水亭以憩之琯慮歲久法湮捐俸買田十餘畝爲每歲濬渠費通志萬歷纂修縣志時序論記跋皆出其手見前令有一美政必表章之萬鵬有築城功亟爲建亭立石於縣門陛南京戶部主事去民肖像立祠原名宦傳

蔣正元廣西灌陽人由歲貢授新昌縣令不事更張惟守成法喜怒不形於色視民如子民稱爲蔣父創立義倉三十間於城隍廟東積穀以賑饑荒申除斗級之害陞藩府長史值寇亂以身翼蔽藩邸遂遇害撫按交疏旌異新昌立祠祀之原名宦傳

李應先晉江人萬歷三十六年由舉人知縣事廉明剛正吏不敢欺課士衡文有知人之鑑詰盜即胠篋必獲夜戸不閉值編審以十載利害攸關殫心獨裁按田均役里甲相安邑人德之崇祀名宦子佺臺以進士任浙省左轄原名宦傳

鄭東璧號懷玉江西玉山人由鄉舉萬歷間爲新昌令博通書史行文敏捷千言立就下車見諸事廢弛力爲振舉操守清介能

洞悉奸宄釐剔宿弊創四勸亭勸民耕織又捐俸修驛舖自天姥至關嶺舖舍一新勸課諸生獎拔皆一時名士秩滿陞廣西桂林府同知有生祠去思碑在祥溪廟東（原名宦傳）後陞曲靖府同知（由志稿增）

朱仁臣江西進賢人由舉人天啓四年任縣事明敏廉幹善決獄好士愛人捐俸倡修學宮時山谷多盜輒嚴督捕役曰盜與捕未有不陰相結者不獲以其罪罪之故所緝無弗獲獲卽庭鞫罔有波害民至今思之（原名宦傳由志稿增節）

張騰先號搏九蜀緜竹人由舉人令新昌下車卽察利弊革陋規緩賦稅歲饑出義倉賤糶以賑貧者且學有源本課士衡文必

示其奧義秩滿陞河南彰德同知去邑人攀轅號泣焉後子經捷南宮歷陞定州道死叛將劉超難幼子絢亦以壬午舉於鄉原名宦傳由志稿增節

萬霈圻字若霖常州宜興人由舉人崇禎癸未任性通敏爲政惠而不弛嚴而不苛閱二月士民咸愛戴之値鼎革間軍需旁午憲牒日數至從容籌應民不至驚擾鄰封聚兵震虩多方捍庇邑中賴以安堵有無賴數人藉倡義名將爲邑患盡捕殪之四境帖然尤加意學校勵諸士以禮義飭躬嗣後彬彬蔚起皆其培養之遺澤焉原名宦志以上知縣

丞

王東江西人正德間任勵志有爲守法不撓定圖里不徇情人皆服其公當原職官志注

劉昇華亭人例貢嘉靖二十四年任頗廉幹凡公費以節約法以均諸暨民有告人命而買屍抵驗者適委昇驗昇微行廉得其狀及開棺一訊鞫之兩情輸服一時稱爲神明後陞王府官遂去任原職官志注

楊遇春南直甯國人監生隆慶六年任性樸眞任直不善事上官不阿順貴勢以此獲譴後陞楚府典寶原職官志注

王新民號樵侗福建邵武人萬歷癸丑冬授新昌丞尋視邑篆興學校講鄉約捐俸賑饑善政著聞左遷益府內史王雅好文學

至即條列格心講學親賢士絕玩好減音樂數事上之王嘉納賜綺衣一襲置諸左右爲啓沃助未幾告歸王勉留辭以病乃至新攜眷屬將歸閩士民挽留不忍舍去遂卜居於邑之舊東門聚奎坊家焉後以子性之貴贈文林郎原名宦志幷職官志註補以上丞按注稱莫如能有才幹劉衷有傳今皆無攷其餘遺佚可知

典史

晉衍字伯曼廬陵人性嗜學工詩文洪武初爲新昌簿勤惠廉潔甚著聲稱政暇不談吏務輒與邑中高士相唱和所刻有濮泉稿鑿丹記邑人至今重之原名宦志乾隆府志亦同惟原題名作彥省志謂衍文府志又糾之未知何據

鄒端江西豐城人景泰年任重修大成殿

卜篜直隸江都人吏員嘉靖十八年任才幹敏捷操守無玷上官多委用之

朱禧直隸上海人嘉靖二十六年任慈祥不苛明於醫學遇人有疾輒以藥濟之不索其値

危子儀字一經福建建甯人萬歷二十年任青年有志任事婉謹愨者搆讒去惜哉以上均典史見原職官志注

教職

莫旦吳江人少豪邁有才名登京闈魁選成化十三年訓導啟迪士子以古學文風一時不振更喜表揚節孝或造其廬或拜其墓敦尚風節又如此後獻明一統賦京師傳誦之原名宦志纂修縣

志文辭豐贍後又每資以考證原傳迄今所稱成化莫志其定本焉增

王安學問雖淺而教諭有方持己端潔楊信民章良民甄完一時名傑皆出其門上馬爲之執鞭捶鐙自以爲榮由成化志增

許淵字有本黟縣人由歲貢嘉靖間任教諭性明達有才辨尤善建白嘗議建水利舉荒政諸事建尊經閣修號房築泮池置學田興廢舉墜學校規程煥然一新人稱東許先生惜未竟其用云原名宦傳

陳祿字潤松閩縣人嘉靖初以選貢爲廣西肇慶府四會縣訓導教士稱有法三十三年陞授本邑教諭幾十年尤能以師道自

居平易近人不立崖岸邑人士歌之謂如坐春風中四十一年以階晉萬州學正去爲立生祠以誌不忘由碑記採稿增

徐憲高郵人由歲貢任教諭剛毅質直不苟取與時有貴勢及猾民欲奪贍學田者憲執不可或於宴會中言及憲拂衣出曰此田乃諸生燈火所資當垂百代吾官一時耳官可去田不可奪或訕侮之竟投劾去原名宦傳

李祝廣西融縣人由舉人嘉靖四十四年任教諭申飭學校嚴立文會間或條陳時務悉中機宜憲臣郡守咸器重之陞龍泉知縣去原職官志注

王一化直隸泰興人由歲貢隆慶五年任教諭圓融不滯能以師

道自持不爲降屈遇諸生利害力持之雖貴勢不撓貧乏假貸無不立應士皆德之陞應天教授諸生立碑學宮原職官志注

周坤福建福州人由舉人嘉靖二十二年任教諭爲人方正善說書凡諸儒疏解靡不通貫朔望升堂講學亹亹不倦後開閣講授人咸服習不爲佞諛對長官摩腹自如人益敬之冬日止御裌衣曰吾冷官不宜太煖士能忍饑寒方有受用處其議論如此稍有餘輒以賙貧乏者蓋近世學官能以身教得師儒體無如坤者後陞國子監助教原名宦傳以上均教諭

許儆賢字子官莆田人由歲貢嘉靖間任訓導與淵同時而官舍居西故人稱西許先生喜誦說仁義論難經旨辨註疏異同津

津不置視諸生貧者尤加意恤之歲時饋遺輒弗受諸生有終喪而以幣見者嘆曰吾聞禮尙賵賻哀有喪也吾未之能行而又受惠於子乎亟麾去署縣事乃以贖金易田贍學其律已甚嚴與人寬而恕課諸生誠意懇切有犯者不稍貸人以長者稱之去之日爲立碑以志去思原名宦傳

余經桐城人嘉靖三十九年任和氣藹然口不言利性尤好士未幾致仕去原職官志注

譚機江西萍鄉人嘉靖四十四年任訓導性慈良不苟取與能加惠諸生後陞任去諸生餽遺一無所受原職官志注

王丕顯號君謨雲間人由明經任訓導渾厚忠恕言必則古恭以

接物會鼎革行遯山中敝衣草履日一舉火或遺之粟不受事定歸行李蕭然諸生賫資以佐其行皆卻之爲立去思碑於學宫二子光承光烈名重一時皆得之庭訓焉原名宦傳以上訓導

清

知縣

胡悉寧號海若山東臨青人己丑進士慷慨樂易遇事通敏海氛方熾軍需孔亟纖悉具舉民勞而不怨知其無欲也善獎育人材無藏怨怒刑不煩而有要民賴以安擧卓異陞給諫去原職官志注

胡世則號默庵江西星子人舉人順治十年任尚寛仁滌煩科吏

民有小過勸令自新謂新邑小民疲催科不事鞭朴勸諭而已迨考下未嘗歸咎於民去之日囊篋蕭然士民醵金以贈辭多受寡比之劉寵陽城云原職官志注
俞居辰號拱北江南婺源人由舉人令新昌五年性平易不尚矯飾馭下以寬和徵糧戶下散丁皆計畝而志之完欠判然縣署被燬鳩工鼎建煥然一新原職官志注
劉作樑字木生號虛巖江西永新人須溪辰翁文安公定之裔也順治戊戌進士初令粤之歸善甫期年詿誤歸民思其德立祠於白鶴峯東坡故居之左康熙八年春任新昌值兵燹後百務廢弛作樑才思强敏加意振刷紀綱舉而風俗變焉秉操清白

愛民如子時當大造編審均平宿弊盡除待士子以禮講學論文煦然如坐春風中至建樓葺城修學纂志捐俸賑饑靡不曲盡其心在任四年以勞瘁卒於官室無長物惟敝書數篋喪不能歸士民追思其德肖像置田以祀原名宦傳

陳大典三韓人由舉人康熙十二年任時當閩變王師絡繹邑無居民多方招集隣氛乘間薄城出奇擊之賊遂解散涖任九年崇文廟修祠祀百廢具舉後陞東城兵馬司指揮去邑人銘碑紀績原職官志注

張宏字宥涵永平昌黎人康熙壬子拔貢授肅寧廣文丙寅夏陞任新昌單車至衙舍四壁蕭然宏曰居官但期清慎勤愛養百

姓而已安飽無求素志也疏水簞瓢秋毫無取於民舊例值里有供給之煩每歲上役有臺盞之獻以及鄉飲茶筍編甲解費諸陋規悉皆汰革詳報各憲硃示通衢去數百年之弊府志凡課士一本横渠之教諄重勵行士風爲之一變志稿已巳兼攝嵊數騎往還淸節愈勵明年竟以勞瘁卒於嵊原名宦傳

按康熙原志成於康熙初年此已相隔二十餘年職官志中尚未列銜此傳居然羼入顯見錯誤如此者不少府志亦因之可知劉志本未成之書所云壬子拔貢是年非選拔期亦無攷

張人嵸未詳其籍貫雍正年間任亦未詳其德政爲奚自惟至今

已二百餘年民間傳誦之不能忘每遇報賽時輒設其位以配
神享是必有實心實政及民者採稿增
貴昌乾隆間以宗室來任素未知禮文爲何事而性坦易涖官後
時以便服出巡田野間遇有勤於其分者輒以金錢獎之民因
呼爲木顛子遇有督撫學使等差皆以例應之亦無如之何聞
其在京時亦以戇直爲衆所擠始出先有此號或曰木顛子即
後令莫景瑞以其治行相同故亦呼莫爲木云採稿增
李品鎬江西人嘉慶七年任時適旱災秋收甚歉惻然憫之次年
語衆曰吾知所以治新矣迺以修渠之令下凡邑中諸水利無
不舉尤以孝行砩爲最疏虎隊嶺至砩口爲放生池其分畈均

水一如明田公琯成法及將去乃以修碑公田附之城隍廟兼立碑總履畝歛穀爲歲修費令六堡司事者以次董之歲一更代終而復始其政務周密類如此由碑記增

孫欽若山東茌平縣進士未知何年任道光二十六年丙午至戊申三年洊旱巡行田間知孝行碑爲尤要謀於邑紳呂璋璋亦喜爲助與其侄萬慶按畝勸捐衆難之公復延邑人陳大令金鑑等爲監修首先出資鷹餅銀八百圓於次年庚戌興工逾年始告竣辛亥北上壬子復回任更定每畝出穀一斗以爲疏濬費並置田十餘畝亦歸廟堡經理每年六月上旬一會議牌示各坂放水法民銘其德於亭云由碑記并採稿增

楊際泰雲南進士未知其縣籍性清廉道光季年任志稿誤書於嘉慶年間以本事證之當必在道光前後時英法破甯波提督余步雲退竄以萬人迂道過境士民驚擾公妥爲供給日夕徒步親行閭闔邑得無擾余督亦愧而退邑民楊氏以賭案行賄拒之曰吾離家萬里區區博一官過錢塘江時已誓不受無名一錢苟得此能過江乎語詳大事紀嚴飭者再旋陞石浦理民廳同知去始終囊無一錢竟卒於任其後同治間繼任者爲正觀亦雲南太和縣進士有能名課文必親閱面授特置獎賞錢以勵士子正暉則湖南鳳凰廳人光緒九年任臨事亦警敏如嵊界鹽案及城内烟葉公所案均爭之尤力謂嵊地繁庶痞類向多新則瘠苦倍他邑且性馴良無

事不卒從逞敢越境滋事屢與嵊令潘彬面質於上官前申覆再四新民卒無累是其尤著者餘或未及焉

石玉麒字康侯工文檄由生員從左文襄軍平浙江同治六年遂署縣任遇事廉平尤爲民所信服十一年以彩烟之事起詳大事紀紳民相持已年餘矣上官器其才復自他邑調回公稔知民情于衆鬨城時當時將發火器特商龔守謂請侯勸諭後再勦得以保全無算後購線追緝正兇分別首從並議量恤被難各家皆帖服惜未三月即升同知去繼任爲戴枚江蘇附貢如其議行之烟山駐防營勇始撤回民得休息禱雨輒應因共呼爲戴青天亦調鄞令煩缺去

朶如正雲南人進士光緒年間任持躬儉約一如書生本色凡日用飲食雖子弟家人亦有節制嘗云儉以養廉吾於事一無請託不敢以賄進者此也後以卓異升知府去歸裝僅儲蓄三千金喜曰吾較之作學究有餘矣官非吾望也其尤著者在新烟商適以事得平獻錢千百緡爲公壽公即首先創助育嬰堂遂以成立其在前者如丁昌穀嚴思忠之新學宮文廟等處鮑國琦之興義倉劉庭芬王貽信之建縣署在後如侯琫森之設戒烟局華尊訓之辦積穀濮文曦之議修邑志劉承鈞之自認新政諸費亦不無一節可稱云以上均知縣由採稿增補

縣丞

齊國士陝西蒲江人監貢州同改任縣丞儒雅好士愛民惠下口不言利歲旱步禱三十里外烈日不扇蔬食露坐得雨乃止有循吏風丁外艱去民懷之原職官志注

朱啟運湖廣江陵人由甲午科副榜拔貢康熙十年任縣丞端嚴正直動必以禮與人接物一以誠愛爲先視篆山陰蕭山民咸德之原職官志注

許建勳山西絳州人由貢監康熙十四年任於二十四年陞任知縣原職官志注以上丞

典史

陳大道江南溧水人康熙間任典史幹練多才值沿海投誠甚衆

經理裕如運糧減費整新衙舍民多碑頌原職官志注以上典史

教職

朱奕軒烏程人由恩貢順治五年任訓導淹貫博雅詞賦書畫兼擅其長爲茗中名士原職官志注由志稿增節

潘可熙景寧人歲貢康熙七年任訓導和煦謙謹輕財重士卒於署闔庠賻貲以歸原職官志注

張君照孝豐人歲貢康熙十年由縉雲訓導調任新昌溫厚和平惟以崇學校端士習爲事蔬食甃居不計也甫半載捐俸率士整修黌序尤爲僅事也原職官志注以上訓導

名宦守土以上官概以功德及新者爲準

宋

翟汝文字公巽丹陽人欽宗時爲翰林學士改顯謨閣學士知越州兼浙東安撫使建炎改元上書言陛下卽位赦書上供常數後爲獻利之人所增者當議裁損如浙東和預買絹歲九十七萬六千匹而越州乃二十萬五百匹以一路計之當十之三如杭州歲起之額蓋與越州等杭州去年已減十二萬匹獨越州尙如舊今乞視戶等第減罷宋史二年杭州卒陳通叛新昌民盛端謀率衆應之汝文捕斬端才引兵討通郡境以安紹興初召爲參知政事先是汝文薦秦檜才故檜引用之然汝文性剛不

屈對案相詬卒爲檜所傾罷歸汝文守會稽以擅放逋賦自顯謨閣學士降爲直學士謝表曰敢若秦人坐視越人之瘠既安劉氏固知晁氏之危一時傳誦之嘉泰府志由府志增

黄由字子由長洲人淳熙八年進士第一通判紹興督行荒政於新嵊改糴爲賑擅發米五萬石予民不取值官至刑部尚書兼直學士院贈少師原志

張虙字子宓慈谿人慶元二年進士授州教授爲浙東帥屬督新昌舊逋虙手書諫曰越人之瘠宜咻噢撫摩之今夏税當爲之期使田里久饑之甿少還已耗之氣血尙可理舊逋耶力辭不行民賴少濟官至國子祭酒以爲月令之書雖成於呂不韋然

人主後天而奉天時此書不爲無助乃著講義十二卷志稿由宋史增

元

陳祐字慶甫攷詳金石志及大事紀謹遵攺正河南人至元十四年以浙東宣慰使從百餘卒自福建抵新昌遇婺州玉山强寇挺身當之遂爲所害邑人憐其義勇立祠於城隍廟側其事具載俞浙碑記原名宦傳

明

李慶順天府人永樂中任紹興知府縣主簿郭讓所行多不法邑人盧讓董讓率衆三十餘人縛之赴京至吳江平望鎮夜盜殺盧董等三十餘人郭獨不死蓋其陰謀也乃潛至京誣奏新昌民謀爲不軌朝廷命都督費瓛領兵殲之慶具奏得白邑人賴

以保全而郭遂棄市時人爲之語曰三讓不讓一邑禍降一慶有慶百里全命後官至兵部尚書死土木之難邑人丁川巡撫順天祭其墓立祠東門外原留續志

陳讓晉江人由進士任本府推官承委築東堤經畫調度宣力效勞務爲經久計讓又加意學校置金庭觀田贍士至今賴之萬曆志增

傳雲龍號惕庵江西金谿人宋儒琴山先生之後嘗讀書白鹿洞以第一流人自期登崇禎甲戌進士歷工部郎中出任紹台兵道明官制直省按察使以下副使僉事各省有兵巡道分守道無以紹台分道者後以倭寇權置甯紹道或稱海道此當亦權置足補明史之闕清初猶因之至康熙三年止清正寬厚禮士恤民癸未冬新令武鼎升剛俠任氣被

酒杖子衿闔邑閧然令以事聞臺司幾成大獄適傅公行部至新慨然曰君之仁者善養士況邑令平素能待士以禮何至此不可不自反也隨渡江謁直指使請爲開釋事遂寢新人士德之肖像祀焉後死節漳南原留續志

按今名宦祠有浙江按察使楊宗仁至塞白理諸位惟塞事詳大事記餘皆國初時與平耿逆之亂有功於新民者惜其事蹟無徵至孫總督爾準丁學使紹周二位當別有原因更不可知矣附識於此

新昌縣志卷一

新昌縣志卷十一

人物

五代 吳越

石渝仕吳越國爲吏部尚書父昉贈太保左右錢氏內奬王室忠懿未及獻籍卒獨子延翰恥之不仕隱居沃洲結廬於白雲谷以書史自娛號雲和子人稱羽林先生後贈白雲先生原隱逸志本九國志十國春秋遂家焉增幷詳大事記

胡景一作璟胡氏譜爲進思子甯海志同進思事詳五代史世家幷九國志字汝明爲吳越錢武肅王偏將與統軍使張筠趙承泰同取福州陞行軍司馬兼尚書退居新昌之湖卜種十里梅花自號梅溪卽忠簡公銓之始祖也葬邑

東三十里七星峰下厥後銓孫棟來新昌拜始祖墓因家焉朱文公與石子重還往偶宿梅溪見忠簡遺像因留題裔孫曰擇善曰祺洪武天順間俱以人才任縣丞原武功傳附所題一詩爲省府志所無并未見朱子全集僅在小說中如碧雲騢一流口吻府志去之當即此意　後有剛成化志字性輔萬歷志作惟輔　洪武初其父謫役泗上以逃亡當死勑駙馬都尉梅殷監刑剛方走省立河上俟渡聞之即解衣泅水而往哀號請代殷憫之奏聞詔宥其父並宥同罪者八十二人明史本傳　淮人至今德之府志原孝友傳　子延倖封司

空

宋

石待旦字季平其先京兆人大父元遂檢校太保自會稽徙居新

昌待旦登進士志氣異常人勇於爲義隱居石溪山水之間首創義塾三區以上中下爲别身自督教衣廩之四方來學者甚衆類皆當世名士登顯宦者接武宰臣以其文行聞於朝大加褒異賜待之景公問宗孝正奕祖十字爲其子孫名范文正公守會稽極尊禮之稱石城先生而不名聘爲稽山書院長四方受其業者不可記時傳文呂杜韓四公皆出其門後以子貴贈開府儀同三司刑部尚書卒祀於學宫子五允之溫之秀之皆仕修之不仕省志儒林傳　次子亞之景祐元年進士唱第時年十七丰神秀俊天子奇之將以尚主使卜其意辭曰親老願歸養且義姻久矣王姬非敢偶也遂不强仕至太常博士以惠愛配享

吳山廟（均原義行志）曾孫公孺字長孺習經術高尚不求聞達丞相謝克家以國士視之高宗詔求遺逸使者朱巽薦其長於三傳召對稱旨命之官固辭高宗曰卿當爲朕勉受一官乃授廸功郎進其所作春秋類例命藏館閣再授監南岳不就還山（原隱逸志）

石待用字用之任大理評事遷衛尉丞累贈工部尚書金紫光祿大夫爲人剛毅沉厚幼鞠於諸父以孝謹稱長而才敏治家饒裕築館聚書延師以訓子弟二十年間登第者幾二百人又躬自儉約仁於施與姻族孤貧悉爲婚娶長子牧之字聖咨孝友有聲第進士試校書郎移天台令（天台志皇祐三年任）有能名時王荆公知鄞縣陳古靈知仙居號江東三賢宰九遷至朝議大夫最後知

溫州有母訟子逆者牧之爲勸諭卒成孝子鹽城海寇鳴張募壯士教以兵杖寇聞竄去永嘉病火民利藪斂牧之嚴爲約束弊遂革郡有通衢久塞俗傳闢之不利立命撤屋開路所著有往生錄易論解雜文歌咏共七卷門人葉經序其始末尤詳云原義行并政績志

石景術字順思登元豐五年進士入試時有五考官同夢之異呂吉甫以女妻之授天台尉歲歉即賑饑民民有貰酒不與奪而往酒家擊之斃令欲論死術曰奪酒盜也安有擊盜而死罪者乎初令以其少易之至是屈服移仙居令有神祠在廨舍景術命撤其像居之自如官至朝奉大夫又善事其母外家艱匱爲

買宅分俸贍之（原政續志）時又有景略者字仲謨亦其昆弟行治平四年登進士第授杭州司戶歷官奉議郎贈特進後景畧與景畯退居洪亭賦詩爲樂（原選舉志注）

石公弼字國佐初名公輔徽宗以與楊公輔同名勅改（宋史本傳）喜論前世事畧弱冠舉進士宿儒就質疑公弼應之如響調衢州司法參軍（宋史本傳）再調淮水丞後歷宗正寺主簿入見言朝廷比日直詞罕聞頌聲交作願崇正道遏諛佞通諫諍除壅蔽徽宗嘉納焉擢監察御史進殿中侍御史時三舍法行士子計等第頗事告訐公弼言學校者將以仁義漸摩欲人有士君子之行顧使之相告訐非建學本意由右正言改左司諫言東南軍政之

歛以有兵之籍爲無兵之役以太平之賦爲今兵之用異日懼有未然之患其後睦盜起如其言原傳太史保章正朱汝楫冒俸得罪內侍失察宋史公弼奏之矯稱詔旨宜並論如法遷侍御史言蘇杭造作局擾民之害請稍罷進奉從之蔡京嘗薦公弼公弼直諒不阿京忌焉徙大常少卿遷起居郎兼定王嘉王記室故事初至宮賜金繒二百萬公弼卻不受水官趙霆議開直河已而河決鉅鹿法當斬霆止削一官公弼議爲失刑乃出霆京西轉運使蔡京當國奸回專恣臺諫皆其門諸封事必先禀白然後奏御公弼劾京罪惡章數十上京罷相又言吏員猥冗非舊制於是堂選歸吏部者數千員縣非大郡悉省丞在京茶政

歸戶部諸道市泊歸轉運司仕途爲清蔡京雖上相印猶提舉實錄公弼因星變言之竟出京杭州進公弼兵部尚書兼侍讀張商英欲引爲執政不果以樞密院直學士知楊州破散亡命杜除江賊宋史本傳改述古殿直學士知襄州京再相謫公弼秀州團練副使台州安置赦歸召爲右丞封開國侯食邑一千戶贈金紫光祿大夫郡志然其始以丞尉司法時淇水監牧馬逸食人稻爲所傷郡守欲坐以重辟公弼議以禽獸食人食安待不禦禦之豈能無傷使上林虎豹食人可無殺乎郡守委以屬吏使者慮之果如其詳一甲與乙鬭已傷指復與丙鬭病指流血死兩人已以他物傷人論抵公弼疑而鞫之甲實以指血中風死

皆得免供奉高公備綱舟行淮以溺告公弼曰數日無風安有是核其所失錢且百萬呼舟人物色之乃高與寓客妻通殺其夫畏事覺所至竊官錢賂其下故詭爲此說窮治皆伏辜其警敏爲尤不可及原德業傳由宋史郡志增節

石公揆字道佐幼有至性親歿廬墓三年含哀茹淡三年如一日舉進士授華亭丞進太常博士拜侍御史直龍圖閣初徽宗問宰臣曰公弼公揆何親趙鼎曰從兄上曰公揆大有公弼風歷殿中侍御史高宗朝疏樞密秦檜狠愎剛傲愚闇執癖罔恤人言恐柄潛移陛下之勢孤矣章凡十上上諭曰別未有人姑少待以直龍圖閣知撫州檜既相因前憾下公揆於建昌獄久不

得罪廢錮而殁事載明一統志府志爲御史時嘗同中丞周秘陳公輔論胡安國春秋傳學術頗僻宋史胡安國傳原德業志今祀鄉賢子晝問字叔訪以父爲秦檜所陷年十四奉其母李屏居苦學不敢應舉及檜死乃抱諫草扣闕訟父寃詔復職恩補將仕郎銓試第一轉修職郎監造船塲充湖廣江西京西總領幹辦大軍庫秩滿改知鄞縣首白郡請寬賦歛退與民爲期會每患州治税簿不以時至否則拱手信吏私利重疊乃即縣廳創列簿鈔至昕夕躬爲銷注寬而信簡而明大比取士環貢院爲廬舍以待赴試之士用一徵十不勝其擾晝問亦以間架任民自爲事已聽撤去吏第行文書不得援手又開東錢湖付之食利戶郡庠講

堂壞分勸子弟在學之家誠意旣孚爭助成治爲浙東諸邑最守臣岳甫以聞（平園續藁）遷軍器監丞輪對稱旨特命增秩召爲司封郎官懇辭主管武彜冲佑觀晝問生平居官不苟善會計盡心職業錢米出納不爽毫釐鈎校參驗具得其實及論兩淮榷場互市營田官莊之弊擇人久任搜訪不求聞達之人皆切於時務其爲慮深遠類如此居家歲以三百斛給宗族之貧者疾革對其子宗昭申言之官至朝請大夫宗昭別入理學傳（原政續志）

石公轍字道叟爲人重交敦義初入太學有同舍生朱彜行寢疾無親黨公轍爲謁醫治療旣不起其弟昌言聞兄病奔至時棺未辦方憂不知所爲而公轍已送柩在門矣且買舟助之歸初

公輸有目疾在舟遇暑轉劇幾喪明忽夢彝行如平生曰目疾奈何有爾朱先生藥如神覺而異之至京口岸濱有言爾朱先生者公輸因與叩訪不百步已至其處欵門求藥出百餘貼皆細如芥子公輸盡買服之瞳神洒洒如注水未幾而瞻視已復初矣登紹興二年特奏狀元知江州改建廟學置田養士官終朝奉大夫大宗正主管宗室財用後年八十手自校書燈下作牛毛小楷如年少者人謂冥報云原義行志郡志由叢語增

石悅可幼穎悟以英傑自許嘗論人物獨推諸葛孔明宣和辛丑方臘寇縣悅可率鄉兵平賊以功授修武郎即讓其兄久可晦庵先生爲作墓銘原義行志子斗文以諫諍名斗文字天民爲塾從

父行登隆興元年進士任天台尉遷臨安府教授與朱文公爲友書問往來丞相史浩薦其學問知方行已有恥不爲詭激以事虛名改樞密院編修上書論朝政言甚剴切其曰朝廷譬如萬金之家必嚴大門以司出入一旦疑守者而㪣開便門不知便門之私乃復滋甚一時以爲名言因名之曰石大門除揚州通判改知武康軍晚號絹齋潛心學問没齒不渝卒祀鄉賢原德業志

按萬歷志於拾遺下有石邦哲名志稿因之列入仕籍稱中興小錄邦哲於紹興間頗以直諫聞亦未詳其官評本於文獻通考百六十七卷引其一事曰紹興十八年撫州泉州誤

決重四官吏各置重憲邦哲以大理寺丞上疏曰伏覩紹興令決大辟皆於市先給酒食聽親戚辭決示以犯狀不得窒塞耳目及喧呼奪逼有司不以舉行視爲具文使無辜之民强置於法如近年撫州獄陳四閑合斷放陳四合依軍法又如泉州獄陳翁進合決配陳進哥合重杖姓名畧同而罪犯迥别乃誤後而事方發倘使舉行給酒辭決之舊令是二人必呼寃以警官吏之失望申嚴法禁否則以違制論從之原志不錄究未知爲新產否附識於此

王夢龍字慶翔慶元三年進士授天台尉教授隨州辟爲京西檢法官抵襄陽金兵入宣撫項安世得公甚喜咨以征謀一時書

檄咸出其手士皆感動改尚書左銓知龍游金華二縣救災恤
患惠於民甚厚幹辦行在諸軍審計司當對奏論今氣節不振
大道日靡正論日鬱次論中原僭擾惟當盡吾所以自强之實
使動靜屈伸罔不在我除大理寺丞極言今日議論不明體統
不一邊備所當嚴歲幣所當絕和好不可恃攻守所當嚴言甚
懇切上嘉納之擢監察御史首論媕阿苟容氣節不立士風大
壞宜申貪墨之禁陳事務之宜條上備邊四事曰扼衝要嚴策
應練舟師覈勝負又條備邊四事曰足兵額置道帥二備城池嚴
關隘皆一時急務遷宗正卿以歸養辭除直秘閣知溫州以崇
學校表先儒明教化移風俗爲務無何以母疾祈閒知溫州時

海盜集亡命殺人於貨乃諭海島諸豪俾伺其出沒掩捕而磔諸市境中肅然主管建康府崇禧觀知婺州撥官田一千七百畝爲助役倡民翕然各以田助得田六萬九千畝有奇以備當役者用以議社倉規約大要祖朱子成法又以積雨奏蠲二稅十萬四千餘緡以旱魃奏蠲二稅二十萬一千緡詔赴行在論中庸致中和如九官並命四罪咸服刑賞之中和也好賢如緇衣惡惡如巷伯好惡之中和也又取慶歷名臣余靖富弼論盜賊之說爲上陳之除司農卿權戶部侍郎以疾乞歸郤掃觀書日與幽人雅士賡咏自樂八年如一日年八十三疾且革口占遺表自書其名釋然而逝表聞特贈正奉大夫會稽縣開國伯

食邑七百戶事母孝以答春名堂寧宗受禪推恩臣下不以官其子而以官其弟夢錫曰吾母所鍾愛也其孝友如此晚憩龜潭人稱龜潭先生所著有西銘解諸書原德業志

王熻字仲潛一字伯晦父夢得夢子游入室而生熻秀偉異常父語之夢卽以聖門之學自勵登嘉定十三年進士知常熟縣敏達有循政通判泰州知滁州改知瑞州原志嘉熙二年遷籍田令兼督視幹辦公事淳祐二年監三省樞密院門五年遷大府寺丞宋史本傳尚書左司員外郎秘書少監原志以人言出爲福建提點刑獄差知溫州十年差知甯國府遷大府丞國史編修實錄檢討等職寶祐元年兼權兵部侍郎試中書門下省檢正諸房公

事本傳疏請大臣相與憂亂而思治懼危而圖安俾內治明如日月外治勁如風霆則世道昌物情洽上以迓天命下以固人心致治保邦孰能禦之以右文殿修撰提舉太平興國宮五年京湖宣撫大使趙葵辟爲副官開慶元年召赴行在授集英殿修撰樞密院都承旨權吏部侍郎景定元年同修國史兼太子左庶子極言正論太子聽而悅之上聞之甚喜遷禮部尚書權吏部尚書加龍圖閣學士知平江府淮浙發運使五年召赴行在進端明殿學士咸淳元年疊進同知樞密院事兼權參知政事本傳三年屢乞祠祿始以資政殿學士知慶元府兼沿海制置使四辭不允七年台州言乞差爚充上蔡書院山主十年十一月

以爲左丞相宋史尋授特進加食邑德祐元年又再乞以舊職奉祠右丞相章鑑參知政事陳宜中奏留爚以鎮人心以康世道從之爚奏臣本志誓死報國願假臣宣撫招討等職臣當招募忠義兵圖興復鑑宜中又奏乞遣中使趣還治事乃授觀文殿大學士浙西江東路宣撫招討大使置司在京以備咨訪進少保左丞相兼樞密使尋加都督諸路軍馬累辭不許奏今天下所以大壞至此者正以一私蟠塞賞罰無章故也宜大明賞罰動合乎天庶幾人心興起天下事尚可爲也極言賈似道誤國喪師之罪於是降詔切責似道以不忠不孝斥之國是始明六月庚子朔日食爚奏陰盛陽微災異莫大於是臣待罪首相咎

實在臣乞罷出以答天譴不許尋進平章軍國重事時命張世傑等四道進師陳宜中留夢炎二相都督軍馬爚請一相建閫吳門以護諸將不然臣請效死封疆不敢辭宜中夢炎乃上疏乞行事下公卿議竟不決七月世傑等兵果敗爚奏比者六月出師諸將無統大敵在境臣請陛下自將大臣開督今世傑果以諸將心力不一而敗臣既不得其職又不得其言乞罷免乃罷爚平章依前少保特授觀文殿大學士充醴泉觀使爚清修剛勁不阿權倖以元老入相值國勢艱危天下屬望乃與宜中不協而去續宋鑑語同不逾年而卒宋亦隨亡矣天下莫不惋歎少傅葉夢鼎誄之曰公之經術中庸大學公之典型乾道淳熙公

之踐履言行相顧公之出處久速皆宜有眞實而無飾僞有正大而無詭隨行乎蠻貊而皆可質諸鬼神而無疑身雖考終於牖下心實未死於泉扉原德業志由宋史增節並詳大事記時有趙炎者咸淳元年仕刑部員外與左丞相王爚善責其附賈似道爚乃極言似道之罪原選舉志弟華甫字君實性嚴勵登進士初宰黃巖有宗戚號難治甫到任見峨冠數十輩聚廡下詰之曰觀政甫曰縣政繁劇卒難觀命籍其名約兩月觀之皆媿服知台州評本引赤城新志言景定元年守台擊強扶弱正疆界均賦稅民爲之歌曰若無王知州爭得飽飯餂鼻頭當時守令爲稱首治豪貴呂省蒼籍其家聲稱籍甚除浙西提刑奏劾郡守朱斗山等皆戚里內降欲回護之終不奉命寢疾俟得旨乃已見郡志原政績志從兄祖洽嘉定十三年

仕端明殿學士兼樞密院戶部尚書賜祭葬有御詩原選舉志注

黃兌字和之登進士授汾州靈石縣簿邑居巖間艱於稼穡教以樹藝民賴以養爲立生祠課最改撫州團練推官知德州平原縣古田縣所在有聲熙寧中管勾荊湖營田水利檢覈侵漁疏理淤塞盡心民務紹興二十五年任浙東提舉原政續志

黃惠之字子思原稱度長孫與下奇孫傳爲曾孫同評本言宣獻於孝宗元年登第後五十一年卒其孫不應在徽宗時必誤遵即删此句又傳云師事俞浙則評本言葉適水心集朝奉大夫致仕黃公墓誌銘越新昌黃公仁靜字仲山曾祖朴祖巽父惠之又禮部尚書龍圖閣學士黃公墓誌銘公諱度曾祖諱巽祖諱惠之考諱仁靜袁燮絜齋集同則度爲惠之孫且傳中方臘事明在徽宗宣和康熙志與萬歷志並誤當由前明板燬重刻之故立傳體例只有於名下敘述祖父茲即先及子孫並沿其誤誰秉志軸殊爲可笑等語重厚尚氣節嘗言曰鬼不諂佛不佞心如秤宣和辛丑方臘盜起焚刼新嵊惠之與弟閎行陷賊中

能以方畧誘之潰敗其衆朝廷遣郭統制收復論功行賞惠之
辭曰破賊藉國威非某力也遂隱不出原隱逸志又其家有奇孫者
字行素敦行誼有古風師事俞浙石九成會稽韓明善該博經
史聲重一時隱居不仕或勸之應試曰衒玉非吾志也所著有
南明志蚓鳴集及輯祖三朝言行錄藏於家一日倚門歌曰夜
夢逢初度悲歡見我翁吾其逝矣遂卒均原隱逸志
呂大亨字聲之宋宰相正惠公八世孫也以字行與從弟冲之同
師止齋陳傅良友蔡行之太學壁記名在陳下蔡上陳蔡既貴
大亨猶未釋褐或戲之曰此謂厄於陳蔡之間也久之授宿松
尉平盜有聲轉平陽丞時嚴秤提之令大亨上不廢法民尤便

之終昭信軍節度推官所著有沃洲雜咏葉水心稱其言近指遠作呂丞行贈之冲之（評本字大老承事郎謹子）英敏夙成博學精思研究典謨風雅尤工詩文傳良深器之舉進士授靖海主簿有政聲擢南康軍僉判集諸生於白鹿書院講明理學諸文學立碑頌其德未幾以疾引退表正鄉閭家無餘貲所著壁經宗旨及詩文墨妙世傳之（均原文學志）冲之孫秉南字景陽幼孤受經於其祖冲之冲之受經於止齋陳傅良學有淵源秉南穎敏夙成神姿秀雅舉進士（按選舉志是年爲理宗紹定五年距其祖登甯宗五年第相差只三十二年亦恐有誤）授福建崇安縣尉漕司遴委福州校文品題精當人人歎服調寧國法曹獄無停囚棱勘涇縣版籍別疆里清賦稅法行而公私便之未幾丁母

憂起復除吉州吉有劇盜莫能禦秉南集丁莊授方畧數月掩
捕殆盡部使葉夢鼎賢而薦之除淮南東路檢法官夢鼎猶以
爲未酬其功也尋改昌都令盜攻陷州縣秉南據湖死守出奇
鋭擊走之民賴以安授尚書省茶鹽檢閱課最遷進奏院檢校
南宫試榜一時尤稱得人入預輪對以正君心明道術爲急務
語極剴切遷大理寺丞尋遷司農卿固辭不拜即日渡江歸明
年主䇿仙都觀朝散大夫賜緋銀魚袋居家孝友善教子弟升
庠序取科甲者二十餘人秉南資兼文武學有師承歷任艱難
咸底成績乃以直道齟齬未究厥施惜哉所著南明稿十二卷
載兩浙通志原政續志

呂九成字宗學與兄不用九思並稱三彥自以宋室世臣不願出仕兩兄倜儻有才名而九成澹泊雅飭時時誦說溫公晦庵之書言動有禮不與時移易其後兩兄以徵辟仕九成猶自隱約不就推舉終身茹淡被疏絃歌自適同宗子弟數百千人咸敬事九成稍未循禮即命至堂下戒責皆悚仄謝奉教惟謹莫敢誶謾者嘗道拾鏹數千貫立俟其人還之一少年被酒侵九成從者欲毆之九成曰勿校狂兒死無日也已果爲盜所殺嘗戒其子孫勿游市井曰此壞人心術語載舊志後百餘年浙江參政胡續宗行部至新昌問邑之文獻乃爲九成立逸民碑推祀鄉賢原隱逸志誤係在明後此明爲宋逸民謹依其志改系之

呂徽之隱居台州芳山一日携楮幣詣富家易穀値大雪諸貴游分韻作雪詩得藤字苦吟弗就徽之不覺失笑衆訝延入座援筆立就曰天上九龍施法水人間二鼠嚙枯藤鶩鵝聲亂功收蔡蛺蝶飛來妙過滕投筆竟去問其姓不荅令人尾其後訪之則移家去矣原拾遺志由輟耕錄注增節

俞公美名瑞通志作端卽浙兄爲人英敏特達學博文古力貧事親奉養送終之事不分責兄弟就試南宮知貢舉眞德秀奇其才登端平二年進士授樂清令通判慶元居官精勤明恕不爲勢利屈性不芥蔕於讐怨平生困乏未嘗以貧語人至老益堅忍無戚戚之意間有指捷徑諷者寧不遇不屈所著有剡東錄今佚

弟浙稱爲籌山先生（原廉介志評本增節）浙入道學傳

石余亨字成己以文行見稱於時登咸淳進士仕鄞及衢已而棄官歸沃洲自號休休翁避丙子之亂奔走萬山中更號遁翁平生善爲詩文孫璞檢拾遺稿欲鋟梓勿許曰聊以適吾意爾未必名家已而慨然曰吾家更八九世皆不失素業至余身益窮今老矣然不辱於盜賊不死於道路得奉遺體下從先君子於九原亦幸矣因預爲之銘銘曰膠膠乎中中乎將久存以瘁余形乎寧亟歸以全余眞乎悲夫（原隱逸傳評本言原志誤系在黃惠之石公孺前遵即改正）

何正祥鄉舉進士知建平縣主管學校善勸農事（原選舉志注）

潘音字聲甫幼聰敏日記千餘言博極羣書爲文能臻奧理生甫

十歲而宋亡見長老談厓山事輒潸然涕下及長讀夷齊傳遂擊節憤嘆日惟杜門讀書談道以聖賢之學自期優游饜飫多所自得其友夏圭孫題其居曰資深堂爲之記後訪弟元甫於義烏會黃晉卿因偕圭孫往從草廬吳澄學澄泰定間以薦召欲行㕀勸止之不從遂歸築室南洲山中自名其軒曰待淸隱居二十餘年謝棄世紛累徵不就日事著述發之歌詠有激昂慷慨之風學者因稱爲待淸先生所著有待淸軒稿讀書語錄行於世詳見天台戴沈傳原隱逸傳　按元詩選小傳誤作天台人

楊轟字子覘又字叔欽先名宜之年十八登嘉泰二年壬戌傳行簡榜進士治禮記有風骨除太平州教授慈溪縣主簿昌國州

判監阜南亭鹽場司令再中大法理評事知金華府通判嚴州大理寺丞是時韓侂胄柄國黨錮禍起朝廷有學行者斥逐殆盡宰執侍從臺諫藩閫皆其門廡公以儒官屈下吏秩滿累遷不越州縣侂胄誅執政史彌遠計樹人藉收衆望丘崈林大中樓鑰樓機輩皆起用同時眞德秀爲直學院魏了翁爲起居郎陳眩游九功拔置大僚以吏治用公秩卑不越次亦朝請郎勅監建昌軍仙都觀知興國軍授朝奉大夫尋知廣德軍贈奉直大夫有勳績上聞稍稍內任除刑部郎官秘書太監轉遷大理寺卿立朝風旨多與衆君子合上益重之進禮部侍郎寶慶之間李知孝莫澤輩爲史彌遠鷹犬有言濟王事者悉排斥於是

魏了翁及胡夢星洪咨夔等皆坐貶眞德秀亦尋罷公知不可與共立也遂棄官歸採稿補遺由明于忠肅所作詩序增節

戴質字敏文號崖柏性明敏好讀書師事南明石嗣慶甚器重之妻以女招爲贅壻宋建炎三年進爲秀才紹興五年從岳家軍平楊泰亂授青州團練使封德平將軍乾道間致仕朝廷復旌其門曰文武兼優本籍黃巖南塘貴後卜居於邑之南鄉疊石嶺下因職而名其地曰練使由採稿補遺

按此二傳何以爲成化萬曆二志所略本志向於私譜已經考定未敢闌入以此文較有證據且值宋末迄元亂又久或因而湮沒亦未可知特破例登之

元

章廷珪字禹臣幼負奇氣與弟廷瑞相師友見元政日衰隱居龜

山抱膝長吟志慕管葛至正十二年方國珍叛據城邑民不聊生珪奮然曰此大丈夫立功秋也遂與從弟廷瑞集義兵設方署防禦有功俱授萬戶（原武功志）廷瑞（原選舉志作廷端）字信臣自號耕讀散人舉元至正壬寅鄉科逾年丁外艱是時元運式微絕意仕進洪武初金華宋濂青田劉基交薦之與呂不用同時被徵將大任固辭再三太祖不悅基曰潛修之士懼爲勢分所拘不若因而遂之使之廣教澤於人所益宏矣太祖意解乃與呂不用同放歸田里未幾以本縣教諭任之使呂不用爲訓導輔焉廷瑞曰修己及人吾黨事焉所不可辭已而升福州府學教授卒爲詩文修整嫻雅與呂升呂不用楊溫如諸名賢爲社友所著有

耕讀稿原教澤志佚一字評本引楊恭惠所作傳增今系以元從其初志也

俞長孺字觀光以字行陶九成所錄似卽此人爲寧國教授寢疾弟子顧德玉檇李人侍湯藥情若父子醫爲感動勿受謝後卒殯葬海鹽顧氏塚心喪三年則長孺教澤可知矣原拾遺志注由輟耕錄增

呂不用初名必用字則行嘗應元鄉舉有奇名稍長悟曰吾家世宋臣仕非義也遂更名不用字則畊率諸弟躬畊石鼓山下以奉二親繼聞黃先生溍講學金華裹糧從之自六經諸子傳記騷詩以至醫筮星律兵家奇秘之說皆博涉渟蓄爲詩文博辨汪洋出入班馬李杜一時麗靡排習盡洗與其叔呂升天台陳川徐一夔金華宋景濂青田劉基唱酬往來基微時遊放不羈

俗呼爲劉狂不用與游或嗤之曰此子業萎矣何從劉狂遊耶及基翊輔明興屢欲薦之以聾疾固辭晚年應經明行修辟授本學訓導時亂餘禮經晦蝕率諸生綜釐蒐剔親爲疏解且訂集朱子家禮行之一時翕然向化復以聾疾告致仕因自號石鼓山聾後居東岇山又號岇西病牧所著有得月稿牧坡稿力田稿行世載兩浙通志卒祀鄉賢子稷亦以學行著名原隱逸志誤入明今遵其志改正

明

梁貞字叔亨舉元鄉試授太平路教授端慤寡言深沉有識明太祖克太平貞知天命有在率諸儒迎拜請歛戢軍士保養生靈

復以三王之得天下者爲言上喜曰老儒先生其言甚是留掌圖書與李善長同侍幃幄密贊謨謀日見親任上欲取金陵謀諸貞貞力贊之命都事江南行省遷湖廣按察司僉事尋陞兩浙都轉鹽運使制勑褒之未幾拜太子賓客日侍太子讀書大本堂多所啓沃戊申以本官兼國子監祭酒設立科條以課士上遣官釋奠及命品官子弟民間俊秀充國子生詔給冬夏衣廪皆貞所倡議也事載南雍志貞嘗輯古詩三百篇進覽上以賓之初筵命丞相直解上喜悅感歎飭勉羣工且命繕寫數十本頒賜大臣俾揭高堂以爲朝夕警省庚戌以老乞歸築墅鰲峰之下日與鄉里宿儒楊溫如呂不用等賡唱不倦以孝弟勵

人可謂進有所爲退有所樂者（原德業傳志稿由府志增節府志少二句謂有古大臣風）時有宗人名沂者永樂二十年舉人授河間府鹽山縣教諭當土木之變保護有功（原選舉志注）

章廷瓔洪武初年舉明經授行人奉勑山東科斷憲臣之不法者繼以內使踵驗時多賄敗而瓔守法獨免特勑旌之時又有其昆季行廷瓛者獻詩於金華辟授祥符丞同時里人石如璋以聰明正直任廣信通判令行禁止政治一新府僚均緣事罷而璋獨掌三印吳總以人才辟爲惠安知縣有惠政民爲立祠（均選舉志注）

蔡思賢洪武五年舉人授本學訓導陞蒼溪縣知縣有惠政（原薦辟志）

注

何友諒洪武初辟任本縣教授博經史避元聘隱居甯海明初就辟立條約訓生徒原薦辟志注

呂九思字時學美豐姿多才識初避方國珍亂讀書石鼓山中絕意用世洪武癸亥以聰明正直徵試稱旨奉命糴粟賑貸斂散有法公私便之已而勘理江西叛軍計擒惡首而辨釋誣逮者數百人能聲益著授袁州府經歷尋遷刑部照磨持法明允不幸詿誤而終無詩言聞者壯之原政績傳由萬歷志增

丁彥信永樂元年仕至武昌府同知爲諸生時即敏達異常名其軒曰淡泊以見志佐郡政事至立辯奸無所容以才調柳州督

建王府咸有成績性剛直不畏强禦以此九載不遷歸老於家

呂童字邦用治春秋貢授揚州府興化縣知縣自宋范文正公爲邑事有難處者必迎信諮之悉中機宜原選舉志注

令移風易俗至今猶有先賢之遺化童履任旌異節除宿弊百廢具舉豪吏蘇奎鄧信闞節通巨璫覘令丞若僚佐童包含歲餘一旦盡發其奸奏而磔諸市境中肅然日與民墾田闢野治溝洫修鄉校訓誨其子弟治化孚洽蒞官十三載始終若一日民愛之如父母童嘗以公事詿誤士民赴闕陳懇詔復其官部餉東南事竣還縣以勞瘁卒吏民哀痛如喪考妣朝夕奠哭者千數與文正並祀名宧童有識鑒一見高文懿公穀於童稚中

卽以宰輔期之高感激知遇終身執弟子禮爲童撰墓志銘述其惠政甚悉原政績傳由一統志增節先有中器者明初爲池州檢校諳練有治才以佐郡守禦華林有功晉江西瑞州知事原選舉志注

章敏字以達幼端慤不喜嬉狎稍長篤學工詩文善事父母孝敬備至母嘗病癰仰天號泣願以身代侍湯藥衣不解帶母終哀毁踰禮待昆弟克篤恩義舅氏朱晚頽不振爲築室置田於南塘以贍之卒爲葬先塋之次永樂癸卯以貢入太學所學益進宣德辛亥謁選授刑部主事雲南司號爲繁劇敏究心獄事辨決不留累陞郎中益精斷讞獄四反司刑者懼累凡在獄率嚴刑以速其斃敏曰彼雖麗辟國有常典且在獄者卽非反何用

虐爲四皆感泣大學士高穀薦擢貴州按察使彝民荒遠難盡繩以法敏每事必持大體行部布令嚴飭武備崇修學校禮賢德戢豪强識者謂其寬猛適宜正統乙巳苗賊猖獗攻圍城堡阻絶道路餽餉莫給設策建議開通川播之路而總督諸官始獲達境兵食稍足賊鋒屢挫諸城圍頓解軍民賴以全活景泰壬申引年乞致仕天順甲申進階亞中大夫成化辛卯遘疾自知不起召諸孫曰吾爲臣得致仕爲子得全歸吾何惻焉卒年八十有六歸創花鈿嶺庵捐田置漿以便行人云由原政績志評本增節

王溥永樂二年仕至建甯府知府平生重義踈財爲政簡靜民便之又張琦永樂十六年仕同安知縣廉介自持遇事果決以目

疾致政鄉人景重有事每就正焉均志選舉注

章以善名樞以字行登永樂甲申進士知杞縣府縣困於輸賦吏役因之作奸放富差貧或挪移甲乙或飛洒詭寄於是有力之家終身不調名爲出雇錢而實以飽奸蠹勇力之氓三年兩役名爲任義使而實以供私遣民不堪命司馬光曰差使王安石曰雇便朱子曰義便迄無善策以善第爲三等量貧富約遠近以定役之輕重民皆稱便陞惠州同知杞民遮道攀轅不可留因請於上立主名宦祠朝廷取其法以爲州縣式原政績志評本由明一統志并吳偉業所作傳增

甄完字克脩幼穎異家貧力學蕭山魏驥甚器重之比長登進士

第初拜刑部主事時高鹿人叛逮捕株連無辜完爲詳讞全活甚衆轉員外郎出爲廣西參議廣西故百粵五嶺之地彝獠雜處多瘴癘戍兵死者相籍完奏易以土人兵不耗折又建議營田於近地以免轉輸之費從安遠侯柳溥征大藤等峽斬獲甚衆上嘉其功賜以文綺臧獲初廣西民出粟給靖江王府祿主倉廥吏怙勢虐取民罄產不償完爲釐算疏請革之景泰元年轉湖廣左參政時車駕北狩廣東盜起湖南大震完既督運以給東兵輙以便宜往來視師從克香爐諸寨卒以功拜河南左布政使河南七郡水旱相仍民多流殍完至發倉賑貸奏蠲夏稅其活民以千萬計黃河經汴城堤壞田廬悉淪沒危及城郭

又張秋決浸淫數百里運道不通完佐都憲徐有貞修築日夜不倦堤成而河患息其任方岳前後凡二十年皆有惠政及民時朝廷遣六部按行天下考察獨甄完所治不復命考因使少保于謙諭意其受知眷如此居官清儉夏常服苧葛右方伯馬公因宴會潛令計工製靑紗饋之完感其意服之終身居家孝友遇貧乏輒賙之爲諸生時方貧困父嘗受寄鄉人百金父與鄉人俱歿完密召其子還之既貴始終不渝其操時方冀其大用而完屢疏乞骸骨歸卒於家所著有南遊稿歸田錄原政續傳子圭字延器自幼器業不凡立心制行率倣古人隨父宦遊所友皆天下名士屏居東山築精舍終日危坐其中誦讀詩書不事

進取天順甲申郡邑以經明行修舉抵京聞父疾棄歸父歿居喪不踰禮時射禮久廢邑令芮思請訂行焉居家儉約田穀所入給歲用外一以賙貧尤慎取予苟非分所得輒曰吾爲清白吏子敢自汚耶晚年清譽益彰郡伯戴嘗手書賓延之嘆曰先生眞可謂聖世逸民矣所著有北遊集東軒稿數十卷其孫昇亦以孝聞於時（原隱逸傳）

陳孝軻永樂十八年初授錦衣衛經歷以忤指揮門達左遷尤溪令値沙寇鄧茂七亂軻於搶攘傾側中能勞來安集有惠政後以裁抑貴勢受誣至今寃之（原選舉志注）

楊信民宋侍郎轟八世孫也（原志）本名誠以字行（明史本傳）永樂中舉鄉

試宣德間授工科給事中母憂歸營葬土石必躬舁數百步曰吾葬吾母而役他人吾不安也服闋改刑科明史本傳按志稿由江西出任後方改刑科與史不同鄉里名德他書必不及本籍之詳審若官階升降則當不及官書凡於此等相似者概爲疏正出使江西疏陳五事多議行正統八年癸亥王文端直薦於朝陞廣東左參議招輯雷化高廉諸州劇盜盡平時按察使郭智所行多不法劾之下獄黃翰代其任益甚又劾之僉事韋廣遂誣訐信民俱逮詔獄法司鞫實翰與廣同坐除名廣之士民赴闕爲信民辯白者以千萬計英宗北狩詔以信民守白羊口會廣東賊起信民乃以參議陞爲僉都御史巡撫廣東明鑑係正統十四年九月任景帝本紀都督同知董興討廣東賊以十二月任先是蕭養行刼繫都司獄獄禁不嚴破械出嘯聚爲亂紀元編建號東陽

守土官不能禦省城洶洶總兵官張安敗死指揮張清被殺而鄉民避亂趨城者又閉門不納盡爲賊所殲脅從者益衆攻城益急聲言楊大人家眷勿憂城破當護送還鄉廣人居京者聯名奏乞信民巡撫信民承命疾馳至廣城則被困數月矣信民開誠布公發廩賑貸下令有司多方附循給民木牌縱其出入賊見帶牌者皆不殺曰楊大人所給也歸附者日衆信民素有恩德及民又知賊情委曲乃差能幹官吏各齎榜入蕭養營撫諭蕭養大喜簪花設宴約日投降信民單騎出城數十萬賊見騎出皆倒旗羅拜蕭養泣下跪訴信民安坐諭以禍福卽時投降者數十萬人越五日信民單騎復往賊投降者益衆以大魚

獻信民受之不疑未幾董都督興統大軍來賊遂中變景泰元年二月五日有大星殞城外三月乙卯日信民暴卒廣人奔走號哭舉城縞素身陷賊中者亦曰吾輩無生路矣蕭養亦籲哀設祭事聞天子遣官諭賜葬祭錄其子玖爲國子生成化中賜謚曰恭惠其後董都督明鑑興充副總兵於是年始至廣州縱兵奮擊殺死無算蕭養中流矢死函首以獻爲四月事帝本紀列五月乙巳蓋文報到日也以大兵剿賊所過輒屠之廣民仰天大哭曰使楊大人在慘烈甯至是久之從選人盧從愿奏請立祠奉祀者又數千萬人詔曰可下有司歲以其忌日祭焉立祠後歲有災祥禱之卽應如響民有不平祀而祝焉亦應如響詳邱濬所撰惠濟碑及皇明通紀吾學編

浙江按察使周新死無子其妻有節操貧甚信民獨賑給之

及卒又會廣東人以營葬明史合傳其風節竟相類原德業傳今由志稿明史節增

求琰字尚圭性穎敏好學涉獵經史永樂間以貢授九江府通判蒞政六載一以公廉自持內旨勅造廬山廟出帑金萬餘琰用其半餘悉封還朝廷一日其子由任回行李蕭然惟二竹籠移檄新昌縣儒學開發乃花梨板七十二片題先賢牌位都憲陳智表其賢擢貴州思南府知府節操愈勵以事親不能躬盡孝養扁其所居曰盡思堂常於宅旁植棗一林謂子孫曰吾以木奴千頭貽汝而已他奚望焉入覲卒京師子扶柩歸葬今祀九江府名宦贊其孫也原廉介傳

呂昌字好隆生而英敏祖九成奇之曰是兒必昌吾門遂名之庭聞錄讀書棠川嘗得一古鏡詳金石志既長慨然有志當世誦恥其君不爲堯舜之語因以恥名齋正統辛酉壬戌聯捷成進士授南京雲南道監察御史監應天鄉試凜凜有風譽會南都寢殿災英廟震怒詔逮留守大臣昌抗疏論救極剴切大略以爲天災上天垂戒人君當側身思過不宜濫逮臣下疏入上感悟置守臣不問尙書魏驥稱之曰清風直節百僚竦然憚之景泰庚午遷福建按察司僉事時沙寇鄧茂七嘯聚陷城邑昌上疏乞貸貧民下捕盜令及盜平詔賜金幣乃問俗明教請修朱蔡諸先賢祠下有司歲祀之遂爲制天順初母憂服闋改遷江西按察司副使中貴葉鎭守橫甚其奴白日殺人市中昌捕得論死會淮

邸責民子錢甚急昌視其劵久入息多者即焚之葉又謾語激怒王王乃論昌侵侮宗室事下御史御史素賢昌抗章訟之事乃白成化丁亥遷陝西按察司使値邊備方亟民困供輸昌累疏便宜十餘事上悉嘉納陝西漢唐故都其謠俗喜伉壯巨俠司千戶賁雄一省怙勢殺人昌至言寃者數十百人司乃請昌同年姚太宰書抵昌昌按其事有驗即上狀逮繫竟斃獄中於是直聲振中外時又有尹參政王副使方相訐於朝下昌昌直參政而副使乃姚太宰門生也太宰素知昌直撓昌及某侍郎書來昌發書大笑曰宰相侍郎乃爲屬事耶竟論上如法姚銜之因之濡徐不徙者數年疾且革乃召其子議議至而昌卒已

數日筐無遺裝巡撫馬文升往哭之檢視僅數金大哭曰世之廉吏有如此者乎僚寀以公錢賻乃夢議而告之曰吾爲吏三十年未嘗私一錢也乃今欲以遺骨爲利耶亟去無出明日議覺而痛泣且卽奉櫬行文升親往止之議具說夢嘆曰烈哉先生吾不以小節浼大節又曰廉介似趙清獻慷慨敢言似唐子方蓋確論云正德中推祀鄉賢所著恥齋集與其子諶東皐稿並傳於世原德業傳評本由尹直墓誌族孫光洵記遺事增節

呂迪一名謹字茂恭痛父爲友死終身哀慕力學能文舉永樂丁酉鄉試授無爲州訓導振明學政士及門者多登第而邢寬大魁天下陞連江教諭鄉達陳密有才德歿無以葬廸捐俸襄事

未老乞歸聚子弟教之遠近踵至俞欽任昌皆門下士歲時奉
事甚謹邑人宗之原選舉志注
呂鳴天順三年仕濟川通判蘇多貴宦稱難治鳴以公廉御之士
民帖服崇明濱海潮沙堋漲不常鳴爲疏撥沙地民賴以濟賑
荒嘉定積散有方卒於官甚蕭條同寮入哭見四壁蕭然惟三
數竹籠圖書而已原選舉志注 鳴仲兄鳳天順四年進士授工部主
事遷員外郎以介直忤時嘗曰鷦鷯一枝鳳凰千仞引退後顏
其居曰松泉淸聽自號廌庵老人遁而無悶年八十七評本由注增
又有名鵬者正統元年仕平江縣尹居官廉謹有爲民惜其去
至以配祀王文正公旦祠詳岳州府志居家時有族弟以橫逆

構訟公不校尤惠宗族卹患難一以孝思爲則均原選舉志注作知縣今由呂氏宗譜增節

丁川字大容成化間以進士授監察御史容頎而皙居臺中有才名奉命巡漕河起利除弊聲稱藉甚疏上政本聖學君心等六事又陳飭時政甦民困等八事上嘉納之總視法司奏牘檢覈各道違錯臺中肅然丁亥留都端門震上疏極言當修德以回天變魏昌侯孫繼宗以外戚視十二團營子瓚掌錦衣衛事橫甚川疏其父子權重宜裁損之又劾尚書馬昻都御史楊璿怠事不法時萬貴妃寵冠後宮干預朝政川上疏論諫罰俸三月成化辛卯太皇太后崩因陵廟事遺旨切責言者川疏曰諸臣

之請天下公論也聖母之命一時私恩也惟皇上毋以私廢公言甚切直事竟寢壬辰擢順天府丞值旱蝗疏救荒禦災十五事遷僉都御史巡撫延綏至則上備邊三策開中淮浙積鹽選將帥置弓弩練士卒創屯堡蓋隱然鎖鑰重寄云未幾丁內艱卒於京師卹典有加平生清苦卒之日囊槖蕭然鄉士大夫賵賻乃克歸葬原德業傳

何鑑字世光少岐嶷不羣讀書過目輒成誦登進士知宜興縣廉公有威革重徵運戶及額外私茶邑人利之擢山西道御史原志巡宣府大同劾巡撫鄭甯以下數十人按禆將孟璽等罪明史本傳又抗疏論度僧道之非事遂寢原志還巡太倉總督太監卒犯法

逮治之爲所搆下錦衣獄得釋再按江北鳳陽所在近境法皆死陵軍多依禁虐民鑑請以山麓爲限著爲令（明志）出知河南府朝廷勑取嵩盧鑛洞慨然曰是貽吾民以無窮之害也執奏止之連歲大祲人相食設法賑濟全活甚衆當道下其荒政於各府以爲式又疏禦災十事上之士民立祠祀焉歷山東參政四川左右布政使宏治六年以右副都御史巡撫南直隸兼理杭嘉湖三府稅釐濬吳淞白茆等港所至事集再撫山東轉刑部左右侍郎（原志）孝宗覽天下戶籍視國初反減命清查河南湖陝三省流民多方撫綏入編籍者以數十萬計因疏善後十事及軍民利病以聞武宗登極採納之（本傳）正德二年陞南京兵部尚

書與內侍劉朗魏國公徐甫同管機務朗劉瑾黨也橫甚徐惟唯唯鑑秉法不阿瑾以故啣之原志前撫江南時按千戶張文冕罪文冕亡去搆於瑾遂坐以事連罰米貧不能償奏愬獲免六年正月召爲刑部尚書時大盜並起劉寵即六劉宸即七楊虎劉惠齊彥名即明等亂畿輔方四曹甫藍廷瑞鄢本恕等躪四川汪澄二羅光權王洛八等擾江西皆稱王四方告急無虛日兵部尚書王敞不能辦賊武宗既命洪鐘陳金馬中錫分討其年五月罷敞以鑑代之鑑乃選將練兵錄民間材武士令鄉聚悉樹柵浚溝團結相救河南山西兵守黃河斷大行京操班軍留守所在城邑每漕艘運卒一人屯河濱護運道通行旅文武大吏軼

賊請勅峻責之而褒縣令能擊賊者以中錫玩寇奏遣陸完代還邊將從完討賊賊連爲邊軍所破奔迸四出會中官谷大用伏羌伯毛銳率師駐臨淸賊遂謀以十二月朔伺帝省牲南郊乘間犯駕先一日趨霸州鑑立奏聞夜設備厥明帝召問鑑鑑請早出安人心遂成禮而還賊知有備西掠保定諸州縣以去河南巡撫鄧璋請濟師鑑言山東賊不及萬官軍奚啻十倍緣勢要私人營充頭目撓律攘功失將士心請盡遣若屬還都指揮以下失事即軍前行戮益調邊軍助璋帝悉從之尋以捷書屢聞加鑑太子少保明年正月賊突霸州京師戒嚴鑑令邊兵急邀賊賊遁去賊渠楊虎朱諒死其黨分擾山東河南鑑以山

東賊劉寵劉宸齊彥名等責邊將許泰郤永劉暉李鋐以河南賊劉惠趙鐩邢老虎等責邊將馮禎時源神周金輔未幾毛銳敗績與大用俱召還鑑乃請用彭澤與仇鉞同辦河南賊而以山東賊專委陸完五月河南賊平七月山東餘賊亦平陳金洪鐘亦以次平江西四川諸賊帝喜加鑑太子太保廕子錦衣世百戶鑑乃上言羣盜蕩平民罹兵久乞量免田租多方賑贍黜貪殘長吏停不急工役還民故業貸以牛種復其家三年有訐舊事及怙惡者並置於理帝悉報可先是七月中鑑以羣盜未盡邊將劉暉戍山東時源戍河南郤永戍畿輔李鋐戍淮揚各假總兵之職俟事寧始罷仇鉞請留三之一討賊餘悉遣還廷

議二人議俱是請四將各千人鎭壓他將許泰神周金輔溫恭
輩俱統所部還邊鎭帝時好弄兵羣小寵幸者言邊軍憨健過
京軍遠甚宜留之京營帝以爲然至十一月三鎭軍畢至遂命
留之以京軍往代鑑力陳不可廷臣復極言其害帝竟不從自
是邊軍於大內團操號爲外四家軍而江彬進用矣八年宣府
送迤北降人脫脫太等至京命充御馬監勇士鑑等上言降人
出入禁中假寵踰分且生慢侮萬一北寇聞之潛使黠賊僞降
以爲間諜甯不爲將來患帝不聽甯王宸濠謀復護衛鑑力遏
之都督白玉以失事罷厚賄豹房諸倖臣求復鑑執不從諸倖
臣嗾詗事者發鑑家僮取將校金錢言官遂交章劾鑑致仕去

越中三不朽傳七年九月加太子太保廕子錦衣世百戶八年十一月致仕閱九年卒年八十明史本傳與明鑑通志同後濠反果如其言即此役雖祇四年而其蘊結非一旦使非公統籌全局則流寇之戢且不俟數傳後加以宸濠一變王文成又何所措手明代本兵特重其權究亦于忠肅與公二人而已公於憂居時雖即一事一物之微無不與地方有司相勸導其以天下爲己任知必有不僅在此四年中者迄今新民感德建祠歲時祀之原志如築長隄請度田減軍需革冗員改京運除徭役減圖里請賑濟併倉厫修通衢之類新昌丞必是時奏革又广廬文集寄鹽引於嵊亦其一則計有十德惜以煩碎未及贅錄越中三不朽傳陳本惠鄉十德報國十策百世下猶蒙其利區區桑梓云乎哉卒之日雷雨晦冥朝廷遣臣致祭所著有五山奏疏及吟藁藏於家原德業傳

何宇弘治十三年貢至部改襲父鑑蔭初授甯國府通判奏蠲逋粮歷任南京太僕寺丞懇免皮張銀及額外騎操馬匹乞歸終養義痊饑殍若干人原選舉志注　又九功字宗元仕嘉善縣訓導陞江西武甯縣教諭轉泰州學正三仕皆有稱祀武甯名宦以上二人均選舉志注

俞鐸正統四年仕至雲南布政初由部郎陞知南昌甯國府有惠政民立碑以誌去思歷官雲南參政陞布政時邊徼多事鐸一鎭以安靜夷民帖然後以次子深貴進階正卿深成化十一年仕至工部侍郎初知休甯有惠政列祀名宦擢御史不避權貴屢遷雲南布政一遵父鐸所行既歸深自養晦不輕謁公門原選

舉志注　孫集別有傳

俞振才字仲才弟振英字仲英成化中相繼登進士才初名鏻少侍大父用直歲饑才曰何不賑以倉穀大父奇之甲午乙未聯捷成進士授行人孝宗正儲位才領詔川陝親藩厚遺贈才一無所受時建却金亭巡按御史屠滽詩云千載芳名今始見一朝清節古難尋　命掌襄藩喪禮才一循舊制不科斂而事以集擢廣西道御史巡視中城一總戎有權倖才以不謹劾之遂爲所銜誣以他事下錦衣獄得白大監汪直用事管家怙權作威才蹤其事執之時縉紳訝甚不顧竟以法遣出按貴州苗寇猖獗馭諸酋以恩義土官有能馴彼俗者輒行嘉獎時皆信服又條陳兵備司久任五事復按四川

宋承奉者（評本名集爲蜀藩內璫以財雄）營壽藏踰制且私剏僧院居守才按法當毀因以學士宋濂遷葬之（府志洪武時濂謫蜀卒於夔州尚在淺土評本初蜀王會爲先朝有輔導功徙葬成都然亦卑隘弗稱公卽借以倡議蜀王從之爲千古盛舉）巡歷諸郡黌宮多圮壞令有司修葺因題請行諸省提學官時加巡視以崇聖道丁未任湖廣按察司副使分巡荆南道兼理十三郡戎政歲大澇民饑多聚爲盜才便宜賑之發兵禁勦一方賴以安南渭王長子有罪才議請於朝勘實以聞廢爲庶人松滋郡王犯法招撫按三司閱實才以計誘而執之咸服其見武昌知府王達恃權戚大肆婪暴郡民苦之監司莫敢發才錄民寃詞百數以聞命下才治之如法臬司有淫祠爲官民尊信才命改爲攢造按牘所惑遂解進表至滄

州卒無以爲斂聞者惜之才性孝友侍父母未嘗有惰容敦睦宗黨急人患難歷官二十餘年家務全不經意公退必讀書所著有皇華集内外臺集湖南聯句詩湖湘稿新齊集子朝文朝冕俱歲貢以文學名世（原廉介志）英少聰敏有奇氣好讀書爲文始授安東知縣一日得淮流浮尸衣夾揚州市繒目曰是必有寃逐遣數人分入羣盗中市繒默察其色記相符者貴買之一人得數縑歸與目無二索其舟果得餘縑并所掠少女衣物女言亡官眷屬被害已十口矣獲盜二十餘衆皆伏死人稱神明移官臨淮和易寬平民稱樂業弘治戊申詔修憲皇實錄博采公議英得以循良附名國史後丁外艱再補豐城邑大旱申理淹

獄露禱不食明旦大雨民歌曰兩歲無麥今得雨伯丁內艱補貴溪令平反疑獄不致沉抑擢廣信通判會有國喪中使逞威所至黷貨英挺然面折數其罪狀上下賴之陞陝西兵備僉事以斬獲有功擢尙寶司卿逆瑾擅權文武將相皆出門下英至京或謂曰曾謁劉司禮乎書刺必謙抑英再三詰故乃以己刺示英英不答出曰吾老矣不能借尙方劍尙可俛首奄豎稱小的乎遂棄官歸天下高之家居甘澹薄時人無異議焉原政績傳省府志合傳茲因之 振逵嘉靖二十八年亦仕潮陽縣教諭逵質粹學純端軌範兩爲教職皆得士心肖像祀之原選舉志注

呂大川字中原別號中孚成化庚子舉人甲辰登進士歷任知廣

東惠州府居官五載卒於任嘉靖間追祀名宦祠惠州名宦傳稱公才識精敏決判如流吏不能竄其私至於簿書米鹽皆有條法郡城東北瀕江恒被衝齧公裒土甃石爲巨堤以捍水患某所淫祠鄉人事之命沉於江杖其人而遣之郡學就圮重建尊經閣修饌堂號堂作射圃觀德亭正德丁卯征劇賊張權公隨軍督餉察諸俘之脅從與詿誤者釋之所過鄉聚召耆老諭之以禮南海張詡曰呂惠州之政霜雪內有陽春戎馬中行俎豆者也語見明一統志及李氏藏書〔原政績傳評本增〕

呂獻字不文生有異徵大父奇之植槐以識既長博極羣書張莊簡公稱其文大類杜詩從遊者數百人遂魁鄉薦登進士授刑

科給事中校文南宮得費公宏蔣公冕皆昭代賢相孝皇登極擇文學德望可使交趾者命獻及劉戩賜玉一品服以行竣事歸贈金悉卻不受廉聲大振太監李廣怙勢受金以富兒爲駙馬獻劾罷之又因災異陳八事明史孝宗紀七年二月以風雨拔孝陵樹詔羣臣言得失九年夏四月下給事中龐泮等四十二人此所云災異未詳本傳岷王奏劾武岡州知州劉遜命逮治一事謂錦衣爲天子親軍非不軌及妖言重情不可輕遣遜所坐微王卒奏左證百人勢難盡逮宜飭撫按官體勘疏入忤旨遂同入詔獄吏部尚書屠滽卒九卿救之方得釋當卽爲岷王事後又云孝陵災相隔已五年至十四年正月因地震陳言又距五年原志此傳恐先後倒置姑以存疑仍之如策大臣以答天變抑親貴以昭至公尤人所不敢言者及孝陵災抗疏直陳闕失上嘉納之時壽甯侯張鶴齡兄弟倚宮掖勢燻灸一時遊宴後庭出入無禁獻反覆極論之上怒廷杖三十下錦衣衛獄獻慷慨賦詩既以其言

直釋之遷禮科給事中光祿卿趙鋐獻同年友黃緣驟陞劾之不顧居諫垣章凡數十上皆切中時事正德中擢應天府丞於越先賢傳劉六寇江界凡三過南京以獻有備不敢入時輦下多事獻剸決不留廉得筦庫者盜銀數千衆驚以爲神性寬仁見民當杖目必左右顧民呼爲父正德中改順天府丞武宗耕籍田日獻禮儀嫻習欲以爲尚書逆瑾索賄不遂十年不調丁內艱服闋轉府尹陞南京兵部右侍郎明年捧表入賀瑾揚言將中獻奇禍知獻者以告且勸解官獻曰死生有命君事不可廢也未抵京而瑾譴死矣未幾引年乞歸獻居官廉介三十餘年止搆一宅匾曰遺白堂爲給諫時有功及鄉里而不自表暴也曰吾以陰德遺子孫耳性至孝

既貴父對客坐獻侍立終日著經史定說使學者得究宗旨又長詩文善草書有甲軒稿使交稿行世卒朝廷遣官諭祭蔭其孫一人嘉靖列祀學宮（原德業志由明史龐泮附傳增）孫仲彔以祖蔭爲眞定府判摘發奸宄范嬰等聲稱赫然肅皇南巡倉卒具供應趙州皇廠火懸金募搆不日而成時同官皆科甲仲彔以才能獨著署府篆薦陞祈州知州（原恩蔭志注）曾孫繼儒字明谷生而穎悟性復沉摯淹貫經史爲文直抉理奧聲名重一時萬歷己卯邑令田琯禮館之俾修新志凡山川人物土田貢賦有脊有倫瞭如指掌又同修郡志焉授吳興博士以振興文教爲任著經說重行誼士之貧者資以膏火所造皆一時名碩吳興郡志亦出繼儒

手世稱良史有詩文集若干卷及莊子刪註學通十纂諸書尤爲世所傳誦（原文學傳）元孫天祚字大呂湖郡博士繼儒伯子克紹祖父志補弟子員刻勵下帷長吏之庭足跡未嘗至居恒引白鹿洞規及顏氏家訓律躬以課子孫遇黨里災患不啻身受必扶植安全之有疾者典衣佐藥餌全活甚衆有喪不克舉者捐館糈以助焉其母何氏奩田甚豐悉均分庶弟天祚以書生好施晚年家落清操自守會貸篋匭於鄰啟之中有遺金數十兩亟詣還之彼亦不知所自詰之始知爲家人私藏者其隱德率類此孫六人正笏正音入清別有傳（均文學志）又有兆虞者字濟衢亦少司馬之後守祖父遺訓篤志嗜古行文必規正大與人和

易鄉黨重其雅量尤力敦孝道步趨必隨供菽水極誠敬子六人俱授一經科第者二以子正音貴贈奉政大夫刑部郎中配丁氏贈太宜人孝上慈下稱內助焉原教澤傳

潘惟清端謹有識量宣德中上司捕剿寇台有富人以匿寇懼罪囊百金托爲脫計惟清詣視公牘無其名以金還之又嘗擒寇得贓悉以解官年八十一原選舉志注

俞邦時字夏卿父振强嘉靖二年初授池州府推官值歲饑賑濟有方江上盜起强以萬全陣法討平上利弊五事詔下行之陞虞衡司主事進豳風圖以寓諷諫奉旨褒嘉進員外郎時武定侯郭勳用事强糾其不法數事爲所中傷降大理寺副督大工

抗章諫止營繕忤旨遠竄雲南蒙化衛未幾郭敗起知江西上高縣不赴（原選舉志注稱有傳今未見）邦時行居長少列黌序究心理學淹貫博通而於天人之旨律呂之微尤爲精徹隆慶間著書四卷闡晰三才五行陰陽事物大率爲天下千變萬化總會一元書不滿百篇其理根於大極其義仿乎洪範比皇極經世書尤爲簡約云（原文學傳）

呂世良字中遂父廷圭有隱德慷慨能詩文所著有魯翁稿世良夙承庭訓宿儒章上一見奇之以女字焉既長博覽羣集尤究心周易每讀一卦輒畫壁間終日端坐默玩不不授諸子曰夫子晚而傳易孺子未可與言也乃以書授其子光洵以春秋授

光演光泌以詩授光龍其事親曲致愛敬沒而致思吉凶四禮咸遵晦翁而建家廟創壁室置宗田辯大小宗各以時奉祀兼用丘氏儀節遵時制也歲常大祲府倅發倉賑飢飢者待哺大閧吏卒盡走府倅亦避匿乃命演書帛揭以諭饑者饑者卽斂而就賑又嘗與衆濟江將濟風霰大作亟令艤舟江渚活者數百人其長厚有陰德多類此後光洵爲御史視京營北兵大入亟遺書戒洵宜致身許國旣而兵退洵得歸省演補庠生泌龍皆太學生乃闢墅芝山之陽日與客徜徉歌咏所著有芝山稿配章氏克閑婦道唐順之爲作傳子光演號蘭洲少爲邑諸生淹雅端凝見知於孔文谷唐荆川薛方山諸公嘉靖朝歲薦入

京率諸生上慶壽表廷試後卽賜冠帶任休寧訓導崇齒德講經學教澤大著生平善繼述於宗祠中題作義藏以安祧主事大父母逮父母存歿葬祭莫不誠恪盡禮撫庶弟孤侄輩爲綜析家產情義允愜推念外家窘替與置營屋祀田伯兄大司馬光洵爲御史代巡蘇松時安姓者被訪齎數千金詣演演嚴却之吳中至今傳呂御史清乃弟亦清云居家善彈琴工詩喜摹右軍書法所著有春秋要旨借月軒集行世光泌以入貲授光祿寺署丞性孝友祖妣張守節泌赴闕奏請旌閭及病卒妻潘朝夕供湯藥虔禱城隍捐田享祀爲母置外祖祭田居太學使江南與名公賡和咸嘆服之所著有棠州稿卒僉憲曹天祐過

三山祭其墓詳見大學士呂本所撰誌銘原例貢志注　光洵別有傳
光升光化亦其羣從行光升號蓮峰與徐文長楊秘圖以詩文
相唱和督學孔公游石梁命作詩百韻濡墨立就一座嘆賞詩
詞翰墨號稱兩絕貢入京授湖廣長沙府別駕甫八月卽賦歸
來後年九十終光化號桂泉爲諸生以淹雅著名與董潯陽范
應期同修浙江通志著述多出其手貢授河南輝縣清介有守
丁內艱回籍亦不復任年八旬六所著有庭聞錄高年錄藏於
家以上均文學傳　光迎以增廣生入太學成均推爲領袖申瑤泉時行
尤器之出授常州主簿原例貢注
呂世東少時習舉子業以伯仲二兄俱積學善文弗售乃絕意功

名讀古書工詩文善各體行草年及壯以家務盡屬諸子出遊台溫名山適三吳探三泖虎丘之勝大嘯狂歌而還卽閉戶靜養足跡不履城市郡守邑令多就山房訪之或留飲高談瀕行卽拜辭曰山人不敢入公門報禮云所著有三呂集詳見督學孔天胤所撰墓志原遺英志

俞朝妥字寵之號未軒嘉靖癸未進士初任江西吉安推官補任廣信府推官俱以風力著聞秩滿內召除禮科給事中歷工科都與分宜不協遂以養母告歸杜門不出惟讀書小樓積數千卷額曰聚興著惜陰圖說梓訓後人經年部擢京堂堅臥不起先是新邑無城東瀕大溪山流彙漲漂沒廬舍最爲民患公疏

請築堤以捍工費浩繁恐加派反以病民遂懇請動支本縣正供奉俞旨東堤成高丈餘闊三丈民免播越至今永賴焉又建歷世祖墓碑捐田供祀助資拓宗祠其惠鄉閭永孝思如此病革囑其子則存曰吾平生無所歉惟君恩未酬耳取筆題云雲烟過眼竟何有星斗在天終不磨令鐫之庭柱以示子孫後孫節愍克承先志其貽謀遠矣（原德業傳）

俞集字汝成（評本別號旗峯父鐸母呂夢緋袍人入室寤而生茲　按俞氏宗譜集爲鐸三子浦所出則係孫行評本誤）第進士初任長州知縣首除稅外羨金千餘鎰誌稱其節愛多惠政丙子丁內艱民泣送接丁外艱服滿補蠡縣車駕南征集迎於定興之北供億如禮用是才名益著召爲河南道御史巡視十庫首

疏四事（評本一查額數以防侵尅二重法令以杜攬納三飭門官以革逼取四懲庫役以息誆詐）大要在清國用以甦民困上嘉納之巡視北城帶管九門以舊時內臣用事專侵門稅疏言點閘九門官軍當差科道部屬以杜侵利之權侍文華經筵疏言羣臣講輟當賜坐以諮民瘼庶文學政事兼舉奉勅查大同諸邊錢糧因劾用事太監劉庠蘇縉等效尤罔利邊儲耗竭由是上寘以法又疏江彬諸黨往來邊徼狎侮撫臣請假撫臣便宜行事以重其權并請添分守數事悉從之使還有薦起大學士楊一清者集抗疏一清文章政事雖有可觀先朝蟠結黨與善交近侍幾於四維不張者不宜復相御史何棟朝參失儀外補疏言海內新承休德不宜有疎遠諫臣之名乞召還

疏論太監于經輩乃三張黨與不宜敘用以起後釁地震疏乞禁止營作數事皆見採納已而巡按河南公以兩河見經奸逆廖鵬之橫征繼被狂賊王堂之流毒重以歲祲因奏蠲稅糧數千並太和賊黨劉現丁寶等嘯聚潁鹿間疏乞預處羣盜免毒兩省未及報賊入河南集隨軍紀功激勵將士卒討平之上賞以金幣又奉勑督河南漕運疏言河南歷年盜賊災傷彫弊已甚宜暫停止時點差御史清軍河南因疏曰軍匠盡係賑恤之家若清出一軍則必追妻貼解民苦出辦必至逃亡乞將見差御史奏繳勑印所帶人吏改撥從之又疏請停刷卷以卹疲民乞銀內帑以濟通許請添兵備以守陳州乞新中進士以補州

縣築堤桃村店西王集等處以治河患又以教弛爲慮乃檄七郡諸生肄業大梁書院士類感激以詩頌曰柏府春風事竣復命又疏抑宗藩及儀賓數人後差巡視南直徽寧池太道病抵家卒集爲人天性鯁直胸懷磊落卒之日家無私藏惟奏章盈篋而已有司祀於鄉賢中州祀於名宦蠡縣誌亦有傳著有隨筆一卷西行贅錄一卷中州奏議巡稿十卷雜稿旗峰文集詩集行於世（原德業傳由評本增）子時及嘉靖二十六年授長州縣知縣改徽州府教諭陞國子監丞刑部主事左遷壽州同知陞順慶府同知未涖任病抵家卒及狀貌俊偉性沈樸讀書務窮理奥不事生產爲官廉介自持以故二十餘年仕途淹滯亦視之宴如也

長州志云渾厚敦靜民方安之忤按使意調去蓋歿後見思之定論云著大學古本就正錄宋蔡傳說意新安寓藁蒙泉集時歆亦其昆季行父柔爲福州府推官皆以廉介著名嘉靖二十三年仕至刑部主事初授政和知縣有惠政祀名宦二人均原時選舉志注

及子斗方號懷泉高祖鐸祖集父時及皆進士以淸白世其家斗方生而穎慧過人性復豪爽家徒四壁不以介懷登萬歷甲午鄉薦就懷慶廣文日與諸生談經講藝盤惟苜蓿怡如也後陞彭澤令居官淸靜不擾每嘆曰昔陶靖節不爲五斗折腰我何爲此僕僕哉遂解綬歸任意游覽足跡旣半天下所至文士皆從之遊稱爲懷泉先生原文學傳

劉忠器字世用登進士授永安知縣改崇仁擢南直御史奉命巡江終太平府守爲人清苦自勵不可干以私舊蕭山令鄒魯性貪黠雖爲讐家瞽其目益橫專持守令陰短以行其貪忠器待以禮餽贈一無所受屢有干請皆卻之有魚池利甚溥魯乞佃忠器即命魚戶分掌收其利以給學徒魯雖善訐卒無可指摘者居鄉出入徒步自登科至貴顯匹馬隻夫不以煩縣或以爲舊例當得忠器曰吾無一毫及鄉里敢勞費之哉居常惟以家園蔬韮自給卒於官殯殮外篋廩無餘物子孫貧乏有不能自存者鄉人並爲推服至今不忘原廉介志冢婦丁氏孝烈有傳其家祠匾額曰清天一升始見甚錯愕及悟増生聲始知即崇仁部民來新親獻者崇邑瘠而喜訟向易積壓民自囊米以赴讞或以斗石計公隨到隨訊不勞一日儲故民

云然聲其裔孫有孝行善氣樸人子茂才章於贊襄祠事時申述其祖德尤詳清白家風百年未艾故備述之以誌景仰

劉芳弘治十一年仕兩淮運判居官清介致仕養親隱駱駝山麓非公事不至縣庭以故邑令每推重焉原選舉注志

潘律曾祖原達元季率義勇保障鄉閭父成章好學修行不求仕進工於詩文有錢塘懷古一律入明詩選粹爲時所傳誦原遺英志注律字孔聲號東溪子師事胡復齋張汝威習理學日記數千言羣經百氏靡不窮貫爲文章豐贍新麗不類山林所作養親必躬進甘旨母喪凡三閱寒暑不御酒肉遇諸弟友愛不事生產以清約自持教授鄉里學徒林立嘗作豪歌以自況所著有東溪集原隱逸傳

潘溥弘治二年三仕學職皆有教澤及人終國子助教素介潔歸之日行橐蕭然又有沬者選舉志同封蔭志作沐未知孰是弘治十四年仕雲南按察司僉事居南臺陳時政八事劾貴戚張某不法尋轉雲南道出討十八寨平之所著有容庵集藏於家以上二人均選舉志注

潘晟字思明號水濂丰儀玉立穎異絕人弱冠聯雋南宮第七人廷試第二由翰林掌成均兩知貢舉官至南都冢宰晉光祿大夫太子太保禮部尚書武英殿大學士方世宗晚年專事靜攝往往醮祀宮中詞臣多以撰青辭獲進晟堅執不爲遂致仕神宗在東宮翼輔多功江陵當國相與左右時宗祿不貲司農告匱上宗藩事例以均贍之歷仕五十餘年難進易退休休有容

對隸人未嘗有厲色遇童穉言必稱名其貴而不驕如此性好施歲大祲作粥以食饑者全活甚衆捐贍學田百畝以爲諸生堂饌出貢之資至今德之善書法山陰徐渭推爲獨步（原德業志并詳大事記）兄最少向學以晟貴在家敦孝友捐田供祭出粟賑饑以吟咏自適訓七子皆業儒（原選舉志注）　子復泰孫志省字以魯號公理弱冠以祖蔭入都出遊遼左諳邊事精天文長古文詞喜畫梅竹善書法倣南宮而不囿其跡焉初任興化府別駕郤里書例金千計捐貲重修學宮調山西潞安別駕郤機人例數百緣清操益勵解任歸日事遠遊南入閩粵西歷川隴北涉幽薊東經齊魯所至名山勝境題咏殆徧生平性高行潔超然名利之外

多所傳著有邊詞宮詞及梅花咏各百篇識字記百卷其書跡墨竹人多珍之原文學傳

呂晉見字少眞號眉陽博極羣書洞明理學宗旨爲剡邑俞敬則壻俞度其嗣不克家欲推產付之力辭不受兄弟早世撫育兩姪如己子產取其确者貢授開化縣訓導後陞衢州府教授皆以朱紫陽陳止齋之學立條教所造如徐日久方應祥輩皆魏科名碩所著有士人關鑰吾與編筆奕諸書行世以子新周貴贈奉政大夫滁州知州原教澤傳

呂興道號藏虛始祖評事億季子紹彭自新徙山陰陡亹興道生而英敏讀書目數行下鄉黨異之無何以父德瑞病痿不敢頃

刻離遂謝舉子業朝夕拮据養親必致甘旨以悅其志數十年無倦容及親歿哀毀骨立一時難之居鄉以公平率物鄰里遠近咸取正焉造石梁於璜山荷湖以度涉率長子廷昇市麻苕溪舟人匿貨將鬻子媳以償令貸而勿校臨終對其子云予先時曾爲族弟某代書借券以解其紛今將予橐中金償之以完吾志諸如此類仲子廷雲以己酉魁於鄉孫枝繁盛盧陵劉作櫟爲之著行狀三韓陳大典爲之贊有云弗榮進取孝養厥親終親之世孺慕彌貞好施賑急冠冕日新原孝友志

董茂醇嘉靖十八年仕泰和縣訓導幼隨父廩仕興化讀易通太極圖諸書卽了大義曰是書本自昭晰晦翁所註另作一編可

也志行純篤取予不苟嘗讀書旅邸有美婦三挑之不動所著存心圖說思朱錄與董伯文稿並傳於時原歲貢志注

胡禎字用良甘貧力學尚志慕古鄉黨間聲稱籍籍足未嘗入城市士大夫聞其名弗克見結草亭於宅外聚古今圖籍終日吟誦其中不慕仕進所著有草亭愚辨等書古淡平實有關世教與江浦莊昶嘉禾呂原詩文往來監司王華禮幣獎重府推周進隆知縣唐夔皆欸門見焉莊昶寄詩曰聖主狂奴自古容溪山此意便無窮誰知宇宙千年病我與先生一樣風越水以東惟剡曲子陵以下幾漁翁閒忙莫問今誰是時止時行道只同原隱逸志

俞則全振英孫嘉靖十四年授安福令歷廣東道監察御史應詔陳黜巨奸宥狂直闢異端恤民隱四事又論權貴郭勳六罪出

爲廣西僉事以計平猺獞尋遷參議歸所著有翠微集原選舉志注

何廷諫邑庠生生而穎異博聞强識多所畏服居家庭之際孝友秉盡仁義均施持身以端嚴謙讓爲先動靜語默不離乎敬有先輩儒者風處鄉閭中凡有求貸隨分必應絶無德色至於訓誡子弟惟以敦倫守正爲家法誠爲士林中之表式也子相繼登賢書又有何繼以入貲爲太學生仕鎮平知縣有惠政民建祠祀之家居深自晦匿與物無競何緒號遲庵由廩生入太學初仕古思知縣改大埔縣條陳水利均徭十事皆在施行民甚德之陞兩淮運判以上均選舉志注

陳獻成化十六年仕江西寧都縣知縣訪民利弊以身先之藩司

方某至其邑曰清勤之政當道皆知之吏當加勉是夕命一皂索酒獻如命奉之開飲曰欠美復索之獻佯爲不解意更進酒方不悦摘其事罪之獻受誣歸又有徵字履廷幼孤事母至孝吉凶大事悉遵朱子家禮置讀書田以貽子孫生平言動不苟善書法工詩所著有半閒集十二卷行世正德間邑令薛文易毛震爲之序以上二人均選舉志注

呂永國字有道號蓮若姿性英敏淹通經史剖晰理學持身端莊謙厚爲鄉閭推重暮年不慕圭組惟課子作心昕夕討論賡詠有墨莊漫錄太平雅韻芸窻隨筆縣圃積玉採芝唫諸集人以紹文獻之傳稱爲博雅君子原隱逸傳　案今所見墨莊漫錄爲高郵張氏邦基所著與此異又有鼐

者成化二十二年仕廣信府通判性慈祥寬厚爲政一以濟物爲主聽訟惟爲之解釋居鄉恂恂有文譽所著有梅軒集原選舉志注

呂若愚號望松爲人方介不妄言笑非禮勿蹈入太學嘉靖四十年舉於順天次年登進士例以行人當得京職以同選人忤吏部要人意始授長州縣雖勢要不少屈首除火葬禁繼授江西瑞金令下車益礪操守不假人顔色興利除害民愛如父母敬若神明縣有妖術惑衆能驅雷電聚徒千人若愚廉得呼之來抗不服杖之忽霹靂震公案不爲動立杖斃之邑人慴服襄校秋闈得安福劉公臺等爲名臣又按甯都亦以善政稱三年考滿陞南京行人司左司副原志作轉刑曹誤便道歸省首勸族祖光洵出

建宗祠費司故閒曹有冷官吟藏於家二年陞刑部員外郎出江甯縣餉失庫銀衆窮治庫吏賄新任狀部長趙錦始未信繼且嘆服旋轉兵曹首張牌於署前凡侵牟等弊准挾牌赴告上下肅然尤力除害馬諸陋規是時江陵專政漸操切公門下士劉臺將糾之自遼東巡按貽書謂不敢緘默以貽門牆羞忌者遂以是媒孽於江陵適同鄉潘公晟奉命至吏部考事語人以劉爲公門生公卽自知不免遂致老（原志以兵曹事爲同僚所忌愱）家居淡薄跡不履公庭縣令請教無一言及私事新邑舊解南糧何司馬鑑奏免後鄰邑攀新同解若愚力言於撫軍遂得免解如舊里遞德之醵金三百致謝卻不受因建祠西郊歲時祀焉（原政績傳今由呂氏譜改）

正本例於私牒向不輕信惟此較實且原傳語太畧囿故特補之

呂繼楩字思楙號珍吾三歲失怙知悲泣十二能文同族司馬光洵一見稱異事二母至老尤以顯揚爲盡子職篤志力學乙酉舉於鄉試南宮隸乙榜以母老未沾祿養就泗州授講道興行人士翕然謂湖學復興列志名宦陞蜀慶符令慶適大祲設法賑給多所全活里多弊役鼇之使無偏累困者以蘇人文久否加意培養其獲雋者皆所首拔士觀察使者廉知其賢輒示爲通省式以母韓氏憂歸慶人建祠以祀後崇祀學宮按叙州府志有才大學充氣平量闊作士多有興起救荒全活億兆語自漢迄明名宦僅四人而楩與焉服闋補閩松溪令滌煩除苛士民感悅著朞化錄以紀績甫八月陞薊州守薊三輔重地民氣

頗囂以振厲兼撫循人心大肅無何以越獄事改道州至則修濂溪之學顏其堂曰守拙政成民悅以爲亢宗次山再見云又以母蔡氏憂解任州人鑱石以紀善政凡二十有一起補趙州趙民向疲於衝當事動以民力媚璫人心如沸梗抗不奉命未幾左遷漳州府判漳故多豪右梗以雅靜鎮之人皆斂手視篆海澄有洋稅積弊非一端條十議鍥爲成書商人感德以檀肖像而祠焉雲霄鎮舊有城堡已復於隍畚插苫無貲搜剔豪右所蝕者爲之修築民用貼席居鄉以俸餘遍給親族置祀田以永孝思所著有風萍集宦遊諸草與龍虎上將軍小齋先生甲軒公稿並梓傳世原政續傳

呂仲春以生員入貲補太學生授蒙自縣丞署邑篆拓民復稅修學興文值栂鷄玀獛諸洞獠叛當道檄勦之克其二一寨乃親抵賊巢諭以禍福衆感激聽命居太學偶收得千戶侯女善視之長以配名家子焉原例貢志注

呂和鈞字六符明末補邑諸生性敏悟博通經史幼隨父宦閩父病侍湯藥衣不解帶者數月及父卒於官數千里扶櫬歸哀號不絕聲見者驚歎事母曲盡子道終身孺慕不衰視兄弟子如己子年方壯絕意進取或謂子先世積厚德後必有興者况才如子乎笑答曰人各有志不可强也居恒備述先人遺訓誡其子秉夏音輩曰積德生富貴一人可延數百世富貴不積德數

百世卽衰息於一人爾祖之言也若曹奚事遠師古人無忘祖訓可耳生平和而介好施重義然諾不苟有古人風原孝友傳嘗集諸家詮註經史參以獨見多前所未及由府志增又和鼎字銘躬弱冠補諸生文名籍甚父卒於官號慟瀕死者再事母孝所居爨母命親構諸弟嫌已基隘慨然與之與朋友交緩急可恃早喪配僅一子不復娶口不談人過所著有四書直講尚書指南西園文集又和朝幼時善詞章聲律爲諸生尤孜孜嗜古每落筆獨樹一幟爲知名士繼求理道嘗著周易註解融貫時雲間王先承及江左吳趙諸賢樂與之交性孝友童稚失父母以老病藥餌親嘗閱數月衣不解帶母故哀毀骨立親屬戒之曰送死

固大事但爾形勞容悴當節哀竟以毀卒均孝友傳

呂奇策字可獻號金門敏悟夙成過目輒成誦品格軒朗不立町畦篤於孝友兄弟皆仰給焉萬歷癸卯領鄉薦己未登進士授行人陞工部主政魏璫勢烜赫或勸之趨謁臺省可立躋則曰寧失官此膝不可屈也風節矯然竟忤璫謫福建都事後璫敗召補秋曹轉司馬郎時京師戒嚴策調度有方擢淮安守剔弊蠧革陋規剖決如流人謂之順水船淮爲南北轉漕要地料理悉得機宜藩府經過中使需索毅然不應卒以遁迹去一郡以安後歷廣東南雄府到任卽辭歸歷任餘干南雄淮安皆肖像立祠祀焉原政績傳

呂治號弦我官西蜀保寧府幕剛直不阿視篆閬中復署南部事前後三載餘一以清白自持邑有顯者其弟殺人欲枉法以徇治不爲動又行重賄持之益堅竟抵罪輿論快焉奉御史牒查核州縣無纖芥私咸敬憚之後以忤勢左遷藩封散秩遂掛冠歸原政績傳

呂該字廷秉弱冠善屬文邑宰聞其名召補弟子員托疾力辭作苦梅吟見志益肆力於六經爲詩文頃刻立就草書駸駸逼古性謙和端直閭里有不平聞一言輒解御史王潢鐫其名於旌善亭晚避鰲峯萬山中著萬峯稿二十卷原遺英志注

呂新周號嶰谷生有異徵穎慧夙成髫年端方愿慤家學淵源經

史百家無不淹貫萬歷丙午膺鄉薦以南宮屢躓授滁州喜曰此歐陽文忠之所守也下車洞悉積弊惟養馬爲害最大周爲均貼分泒富民不得詭脫貧戸始可甦息立碑刊爲永例其窩盜窩訪者有天罡地煞之名悉廉而置之法奸黨遂散來安有錐子會以利錐錐人强刼其財爲誅其首惡滁民德之立祠於醉翁亭畔又立祠於瑯琊寺歲時祀之天啓時魏璫勢熏灼阿附者欲爲立祠以滁爲首力持不可人皆危之周執之彌堅事得寢而魏璫亦敗咸欽其鯁亮之節焉入爲大理寺副多所平反左遷居庸別駕監督中官怙勢索瘢公嚴於禔躬查盤州縣餽遺悉却卒無隙可指反加敬禮及朞以薦守莒州又喜曰此

子夏所宰之莒父也力清衙蠹盡除宿弊爲奸宄所憚有稚子葛明煌其父爲仇家所害稍長手刃殺其父者自繫於獄案歷年不決公援漢唐報父仇之詞引經斷獄遂得免釋左遷淮府長史慨然賦歸作糜以救饑者家居唯吟咏不輟尤長於行草書著有來滁漫咏堅匏瑣言已刻行世原政續傳

呂晉蟠仕平湖訓導幼年父亡事母張氏極孝制行端方博學雄文生徒數百多知名士及司鐸善誘名碩類出其門原選舉志注 又

晉栴字少鵬少豪邁不羣稍長輕財重義制行如古人錢塘渡口賈客遺金數百栴投寓守金經三晝夜俟其人還之凡里中窮乏無告者輒傾囊以贍性嗜書於天文曆數兵法靡不通曉

然深自隱約不輕以炫人會稽念臺劉先生與爲忘年交序其詩集云呂子少鵬慷慨激烈發爲詩歌直逼楚騷晉魏不足多也游歷徧江南北每與其地之賢豪間者定交家居課二子爚炆擇史書中古人行義最高者手錄受之甲申聞闖變憤慟累月家人止之勿得後避亂山谷中或歌或泣中夜數起以此抱鬱而死其磊落忠義之氣不可磨滅原義行傳 又有其家曾標者居家篤孝友與人交崇尚氣誼博雅嗜古文追大家聲馳藝苑性伉而摯聞闖變悲憤成疾遂不起一時稱其義烈原義行傳

王坦南山人少有隱德長好學慕古富於貲而能推有餘以賙困乏之性行質直鄉人有爭訟者輒爲解之頗爲詩文尤精於醫術

邑令屢禮爲鄉賓其子世儀由庠生入貲補國學誠篤不欺司成呂公枘甚器重之官知事有清望原耆德志注世儀亦仕至四川司按察司知事先是有揭名於亭者爲潘淮即晟之祖亦以事繼母孝撫幼弟溥恩善爲人息爭聞其銘詞曰謹厚持身義方教子原耆德志注又有俞蕣四圖人亦以博覽經史與族黨有恩稱原遺英志注

潘復敏字存功號姥白萬歷壬子舉人後授廣東韶州曲江令甫蒞任見江水泛溢湘江門城址水齧殆盡亟爲築石三十餘丈以防之邑東鄰南雄多水盜行旅道阻爲設哨船撥兵循環警備盜乃屏跡又預備火藥人謂之迂既而上謁撫軍卒有楚寇

數千破樂昌突圍韶城聞報卽請兵赴難決圍入守出火藥鑄鉛丸率居民厲士卒晝夜拒守閱七日而賊潰斬獲數百人追散賊黨一郡以安邑志殘闕親爲纂修燦然可觀秩滿擢姑蘇治中除耗剔弊新政甫行以前不媚上官爲當道所媒孽解職而歸天性孝友與人和易且博學贍聞遭兵燹家業蕩然怡然自得以返其初服爲幸焉原政績傳

章泰亨字履安號來陽萬歷己酉領鄉薦爲孝廉二十餘年絕跡公庭有邀以竿牘者必正色拒之居鄉謙謹人無不敬慕焉就分水教諭與諸士文行相砥礪捐俸修五雲山舊址嗣後登科目者相繼不絕陞廣西武緣令壤接交趾多金錫珠犀之產澹

泊自矢一無所取吏民畏服每歲霜降時里民必獻常例五百金卻勿受且聞諸臺省置碑永禁其俗訟者兩造各數十人每名必先輸紙價然後質皆爲之痛革歲餘民俗一變監司吳思溫以清介聞時目爲海忠介一流特器重之丁外艱歸行李蕭然爲人儉樸蔬布宴如常曰清約二字傳家寶也原政績傳

又爾弘崇禎壬午科舉人鎮靜寡言笑風規岸異雅不好名常賦詩以見志捫蘿垂綸自儗一眞子云原選舉志注

陳九級號雲峯力學嗜古萬歷丁酉舉於鄉授海鹽教諭多所成就陞雷州遂溪令雷爲烟瘴荒裔且濱海颶風時作民無寧宇地異俗殊厥治惟難級至豈第宜人耕耨以養庠序以教因其

勢而變其俗政成民悅祠祀至今原政續傳又有鴻藻字伯華天啟甲子舉人性通敏爲文援筆立就持身謙厚有應世才惜賫志以殁原選舉志注

陳應奎性行淳篤涉獵經史入貲爲太學生後歸榜所居曰衡門讀書談道其間所著有道統管窺衡門吟邑令鄭公有名儒高山之獎原例貢志注宏球字元聲好學問敦行誼言動凖古人不營利又能周濟人少遊邑庠閉戶讀書著有四書旨說尚書纂序授徒累百嘗設教雲居寺是歲丙子冬洊饑館穀盡給貧民及歸囊橐蕭然勿計也又有人誤以其名呈學學師叱之曰此生篤志足跡不履公庭汝必誤矣及訊其由果誤其人愧謝球不

之較焉原義行傳

俞應哲字若明號龍岳穎異絶人精於詩畫書法尤多纂述萬歷丁酉選貢授四川江油令申移學宮創堰渠均馬戶作浮橋嚴鄉約等績有五申除主簿除鹽耗革協濟除民夫社總等弊故五江之民立石誌之秩滿臺使開薦哲拂衣歸里築無生館讀書其中屏跡公庭優游三十餘年而卒所著有字解古姓韻編一紘集衡岳朱公謂其胸羅牙軸筆擲金聲蓋不誣云原文學傳

又有應星嘉靖甲子舉人襟期清曠任六合縣尹緝獲巨寇紀錄方半載卒於官士民助賻祖祭流涕應肅萬歷丙子舉人甫七歲能聯句人皆驚異弱冠果售尤精書法珍重一時未幾卒咸

惜之原選舉志注

俞則時居高桂溪濱性好施予捐田十五畝爲庠考校費嘗娶側室詢其舅爲父友委聘還之若捐田以厚大宗祠購山以衛先人隴買地葬姊奩嫁姪女而不受其聘不計利不沽名者類如此邑令曹天憲宋賢以郭元振擬之徵爲鄉飲賓尚書潘晟有傳原耆德志注

俞夢盛字惟美選貢任陝西金縣令性孝友母鍾愛其兄曲意承順凡館修廩餼所入悉以聽兄而已無所私涖金邑廉公惠愷以忤當路謫寧國府授途遇劇盜曰此吾仁慈父母也戒毋犯且護出險在寧課士以敦修實行爲務改山左威海邊隅寡文

教日與諸生橫經講藝寒暑不輟以勞瘁卒於官蕭然一室士民醵金以斂（原政績傳）又夢禧任福建汀州府經歷署寧化縣事遇荒捐貲賑濟民皆頌德（原選舉志注）

俞志虞（父時舉入義行傳）字際華號華鄰中甲子舉人崇禎甲戌成進士授四川順慶府推官政尚寬簡或謂司李刑官也况治蜀宜用嚴虞曰蜀當奢酋搆逆民力既殫僅存喘息譬之久病初起須補益元氣用峻利之劑可乎獄中滯四詳審再三囹圄一空性復愛士以文章求教者與之議論娓娓不倦詩辭酬和有松韻集梓行丁丑流寇入川道經順慶紳士會議欲糾集民兵堵截虞曰不可寇今深入必有大兵追躡此窮寇也若驅鄉兵格鬭是

謂棄之惟登陴堅壁以守其勢斷不敢久頓也未幾而督師果領大兵至是時督師洪承疇曹某二人見其鎮以寧靜喜甚爲特疏題叙時重慶闕李官郡民控院求調虞於例弗合衆懇求不已乃令兼攝之兩郡民士爭迎於境至重慶卽以治順者治之頌聲大作秩滿召對平臺親策治邊弭盜數事條對中旨授貴州道御史清查度支侵耗疏參大司農得旨爲之罷斥七卿表十五年二月戶尚李侍問十六年五月傅淑問免未知此司農爲何人復上安民輯盜選將練兵任賢屯田等十餘事言皆剴切崇禎長編癸未十二月丙子貴州道御史俞志虞疏奏略曰向者風霾蔽晝飭諸臣殫志竭力悉以躬先今奉先殿復有震雷之警兼飭文武各官痛加修省邇來寇亂民災汴決兵譁其象爲蠱元臣怙寵督撫貪懦其象爲蒙派徵輓輸扣抽尅減其象爲剝借劍埋輪燃灰附暖其象爲否糾參乖和分門別戶其象爲睽諸如此類皆陰陽之搏擊不調故其感爲震雷臣願在事諸臣大者自省引不樹交斥不代異小者自省議者持平任者肩難皆切中時弊帝採其語命

所司知之奉命巡關入境密詗有跋扈渠帥縱兵恣横又有管餉主事泄泄不前多染指並疏彈劾即奉嚴旨削黜直聲愈震羣相告曰此鐵面御史也有大帥以貂裘良馬來餉卻勿受復嚴諭其使邊塞爲之肅然特疏奏吳元戎當即三桂稱其出自將胄諳韜畧英勇可重用從之向例巡關必東巡畢先報命次西巡乃於甲申二月杪入都告事竣三月間闖警逼吏曰急出巡難可避也公正色曰吾聞以王事死未聞假王事生十九日城陷投環垂絕幼子慎憲泣解復甦厲聲曰忠孝一致我不忠即汝不孝憲曰君臣大義兒豈不明職在巡方或潛出領各鎮兵謀報復於義更正繼探得聖駕已去公始首肯忍死以俟二十日知殉

社稷遂望闕悲號絕食露處二十三日大行梓宮出殯東華門匐匍大慟觀者詢爲關院皆錯愕遂潛至新昌會館縊焉原志公曰我分當一死不死於宅而死於館毋使賊知有我顯與上語氣不合毛奇齡傳初將自縊其子泣諫以未知駕在何所探而後殉未晚志虞唯唯然已不食坐露地梓宮出東華門匐匍往慟夜遂縊於館衣有紙云吾不死於院而死於此吾已在巡且恥院中有此官也省志引之與此少異是皆未知當日形勢公哭臨時必悲憤交集刻不欲生賊踪已散滿安有委蛇餘晷可以歸宅還院館距東華門較近且免家人聞見故便道直入殉義所謂急何能擇如二傳所言意在裝點從容適滋後來謠詠今皆不取福王弘光元年贈太僕少卿賜謚節愍附祀孟章明等七人之列或謂爲土賊所殺弘光實錄鈔或謂爲拷掠而死國變難臣鈔輾轉傳訛已自相矛盾要其官守有在臨難不去殉國之志蓋已素定乾隆四十一年賜祀忠義祠追謚節愍適與福王同一洗羣疑百年論定後杭人於西湖建祠與倪施諸公並祀公

論益明由乾隆府志增　子愼憲字興玆性篤孝友髫年補弟子員隨父節愍公任蜀中司李偕夫人呂隕於署扶柩數千里以歸峽道艱險劬瘁備嘗至公歷官關院鼎革殉難憲於顛沛中仍星馳扶櫬還里請謚建祠眞可謂忠孝兩全矣原孝友傳

張世賢洪武初任監察御史立朝忠梗時大臣郭恒坐贓不法逮捕者甚衆世賢上疏極論謂不宜濫及無辜上怒其爲諸人遊說遂謫雲南後卒於途同時有德規仕刑科授給事中時有小璫盜内帑錢德規論寘之法中貴啣之切骨中以奇禍竟下於理從子文哲於其叔以直言獲重譴時逮及其母文哲大慟曰人臣以忠獲罪夫何憾但祖母以垂沒之年經此慘毒吾甯忍

見之乎即捐軀以從吾分也遂不避艱險奉祖母進京竟以道卒由採稿補遺增

章咸亨字旡我號夢痴改名夜別字無礙頭陀明末歲貢生自幼孤介不屑與庸兒伍爲文章蓬勃有生氣明亡公聞之仰天大慟欲死者再三嘗自吟曰只有寸心難刺血更無一事但傳經有告以史可法尙奉福藩於江寧不如姑忍以待乃遂拔髮佯狂遍訪殉難死節士既而杜門謝世爲衰麻小影自題曰蓬鬆其頭偃蹇其態面貌醜惡心性潑賴知我者謂我心憂不知我者謂我作怪人棄我乎我初不樂乎人之中天厭我乎我正欲遊乎天之外蘧蘧乎栩栩乎噫嘻無礙無礙及卒之日戒其子

于濯勿以所爲暴於時由採稿補遺增

清

呂正音字五正號夢軒生而異敏祖父器之弱冠補博士弟子員年將五旬識者惜其久不一遇正音怡然曰窮則獨善士之常耳順治甲午乙未聯舉成進士所親多爲之喜正音謝曰吾輩一生力學豈爲博科名計耶其不芥帶得失有迥異於常情者初任山東昌樂令興利剔弊政簡而嚴邑以大治朝廷以內吏著外吏之表率亟欲得循良卓異之士而用之正音涖昌甫七月廉聲上達遂破例膺內召去昌之日父老遮道攀轅悲悒如嬰兒失慈母原省府志將赴都乏行資戒期不能發父老爲治裝悉謝不受典衣而行追陞見授戶曹主事

未幾典權鳳陽至則革火耗汰濫役惟惠商裕課是念商民靡不感悅總漕林公特疏薦之注上考遂任寶泉局督理省府志謂所任皆脂膏右職往例卯限銅觔千萬匠頗多而坐縻廩餼故掌局者嘗或附鑄正音白部堂按卯增鑄有裨國計爰著爲令丙午奉命主廣東鄉試偕同考官矢公矢愼務拔眞才一時知名士咸與其選貢舉年表康熙五年以戶主典試其副卽戶主福山王騭題爲民之所好好之論領解爲游定海既而遷刑部郎中凡讞重獄多所平反冤者獲釋都下相傳有得遇呂郎中冤四無死法之語然獨於怙惡輩毅然不稍徇縱嘗會審提師某原省府志爲哈喇庫縱卒毒民酷掠民婦一案衆方瞻顧正音奮袂掀髯竟讁發其橫暴諸狀師以折服而被掠者悉得放還秩滿陞江南徽寧道徽

寧兩郡阻山時因裁去監司奸宄竊發守令莫能制江督請復道員以整肅之廷議擇德望素著者正音因有是命省志以江西僉事分巡徽寧府志以江南按察司僉事分巡徽寧按徽寧屬江南省志西字誤下車制禦曲當纔閱月萑苻革面四境帖然顧其俗險健正音一以德化之數年之間民風丕變幾於無訟後來撫軍者但見地方宴然無事而不知其銷弭之力仍請裁缺特加正音朝議大夫敘功另補正音甫歸里而兩郡之盜又充斥矣其去留所係如此居鄉醇謹下人力行義舉年七十五卒於家生平孝友質直不帶浮飾持身涉世一本至誠雖極狡黠之徒見之咸服其表裏如一學者稱夢軒先生原政續傳今由省府志增節世又謂其博通內典與緇流結方外緣所到名山古

剎題咏甚多法類董華亭嶀沃土得其片紙珍若璆琳由越風增

俞心聽順治四年歲貢仕廣東茂名縣令陞陝西平涼同知禀性純粹與人和易時人服其雅度原選舉志注

王性之順治十年仕河間府吳橋縣令博學多聞賦質高雅居官以愛民爲念不事權貴有古人風同上注與許本孝友傳同名未知即此否原名宦傳其父新民在明末以邵武籍授新昌丞遂家於新以子貴得封必此人也

潘志麟順治甲午仕台州太平訓導天性孝友當舉博學宏詞時巡海軍繹騷縣令以諸務相委日夕經營以勞卒於官由選舉注增

陳捷字頴侯康熙己未進士改庶吉士授編修省志引鄉賢留祀册載捷處兄弟同仁均愛嘗道拾遺金訪還失者捷言詞澀訥終日不發一語歛容危坐凝止如山而溫

粹之氣溢於眉宇見者無不愛敬丁卯充河南正主考康熙二十六年丁卯主河南試副爲中書臨川曾應星題爲好仁者無以尚之四句次爲言而民莫不信二句三爲聖人之於民三句解首則固始閻應爵時有大學士暮夜遺要人輦黃金至寓所求關節捷峻郤之要人曉譬百端三至卒不納乃悻悻去捷入闈精心披閱夜漏不五鼓不休稍假息即篝燈而起榜發中州宿學俱獲選所有墨卷至禮部爲天下冠無可彈射者而捷三場發策溯伊洛淵源以及濂溪有二程見周茂叔吟風弄月而還司磨勘者謂纖小非考官所宜言遂鐫級歸捷畧不表白有問之者輒以他語自咎惟日事讀書年八十三卒捷幼孤與母呂氏備嘗辛苦及選詞林即請假視母越數年一奉試命及期而還其養親極孝而建宗祠修

族譜皆獨力成之蓋篤行儒者也志稿由原郡志增

呂爚字蓼懷康熙己未進士除瀏縣知縣徵拜吏科給事中遷兵科給事中康熙丁丑會試充分校官爚骯髒以氣節自負好抵掌論列國事山西巡撫黷貨下吏承風肆侵漁爚抗疏劾之俱得罪去御史寧爾講者意有所報復以浮詞攻爚爚亦拜章自明原疏畧曰爲辨誣劾奸仰祈天斷處分事竊臣三年外吏四載家居今謬側科員早作夜思惟以報君恩盡臣職爲兢兢三月二十九日恭進二本一爲山西攤派贓盈百萬兩所當追究奉旨該部嚴察議奏一爲嗣後行取官員虛革虛降事完開復者許其咨送奉旨知道了該部知道忽有臺臣寧爾講疑臣賣本行私遽行糾參品行名節所關死不瞑目不敢不辨據云臣上本數日之後長安鬨傳賣本鬨傳者何人說合過付者何人又云臣憒然無覺爲人所給爲人牽鼻給臣者何人牽臣鼻者何人何不一一指出若憒然無覺則不能賣本若賣本則非憒然無覺種種虛描懸揣陷人以敗行之事雖愚懦亦何能甘心且臣原疏言嗣後者下次行取之謂也徒費銀錢買言官嗣後兩字此理之顯然明白者也至於臣所題山西一疏已奉旨嚴察議奏而爾講參臣疏內一則曰言人所難言再

則曰往返駁查豈肯承認後當不至坐言官以言事不實此其抑揚批駁甚覺無
謂或渺視嚴察之旨爲不足行耶則爲不敬或唆指贓罰之多不必承認耶則爲
不忠顯誣言路之賣本陰解山西之濫征受人囑托有爲而言殆不可測臣於三
月二十一日見其急暴即勸之曰天下之事平氣以處之從容以理之無太驟無
過激爾講口雖極贊此言已拂其意不滿旬日臣即具條奏一本爾講又疑有意
誘之使落臣後也及查其參輔臣李某某因上年爲伊子寧倖以招民知縣納先
用借銀不應以此含恨也參部臣翁叔元因康熙一十八年朝廷起廢左都臣徐
元文擬舉李時謙袁元美寧爾講三人叔元時爲工部尚書以爾講多事恐不便
遂中止以致怨也參張元鰲宋我郊等因爾講先年爲人謀幹捐納以銀二百兩
交元鰲轉致我郊彼時我郊以銀數不足回覆怒我郊並怒元鰲也顛前倒後指
東證西內外大小官一網打盡使人畏懼爲御史者如此則國家言路何由清乎
閱其參疏內首言正心誠意又追敘當年放火大案八旗動搖賴其安定三桂勸
滅屬其功勞獨不思逆藩竊據皆皇上聖武指授機宜而爾講一筆抹去歸功於
已何病狂喪心一至此極耶臣按爾講本一貪淫險躁無忌憚之小人臣請爲我
皇上陳之其巡鹽兩淮在郝某某捐課前數十萬之羨餘盡行肥己廣置良田美
宅精築宜園飲酒作樂變童艷妾列郡開居正心之學問不當如是又聞其此番
進京沿途恐嚇過定州怒州守于珽薄待即對涿州守李成龍言如此官該撫如
何不參李成龍白之直撫沈某某甚爲驚懼在京旗員于珩乃珽兄現在徬徨其
過保定嗔守道于準程儀不厚而叱其放官不好彼時口中吃煙亂罵大嚷將煙
袋擲地抵京米舖之前寓所赴席開樽殆無虛日製有餘酒詩深贊戲曲寫斗方

於妙光閣上既上參本回思所爲急行索取已爲人揭去今喚住閣僧人嚴諭如有問此詩當答以二十年前所作僧懼罪唯唯而退誠意之功不當如是也閲其參疏内五欵一朝廷之職在擇相一六部之振刷宜新一言官之不肖可駭一督撫之溺職亦有一光棍之包攬不可不處夫以大臣而與光棍雜於一本糾參也已傷國體更以朝廷之尊加一職字下同臣民並列五欵則不敬之大者也律以無將其罪當誅爾講身爲御史假道學之名肆臯張之技臣若一避報復之嫌嘿不糾察則僞學日以盛言路日以淆臣所以冒死辨劾字多逾格貼貫難盡伏祈皇上大張乾斷立賜處分爲此具本謹題請旨　上命九卿大臣廉其是非衆不直爾講爾講憂怖死流其妻孥於關外爚卒無事未幾復糾山東按察使貪耄會有庇之者坐爚妄言罷職逾月而臬司果以老病死矣爚性好施與得金錢輒隨手散盡至其窘時或不能舉火已小饒復揮霍如舊親愛者引前事規之爚浩然不顧也年七十五卒於家（由志稿原府志增節）

呂邦澍山聾先生九世孫也幼穎異文思極敏一日可成六七藝

嘗手錄四子書諸儒註疏傳說并通鑑全部年五十即充恩貢暮年選瑞安教諭大吏問年以實對遂雅重之八十二告歸邑生以詩餞者二百餘人壽九十子仁學行如其父學使者案臨溫屬新昌學具文以仁充歲貢邦澍親爲送試學使詢爲父子深加獎賞後選開化訓導大得士心五年致仕多士亦爲繪攀轅圖並生祀之原志編入宦績傳有古道照人詩文外不談阿堵等語壽八十有六父子皆四世一堂仁孫司壎亦由歲貢官仁和訓導年八十三告歸壽及九十三世皆以明經任教職又皆耆年碩德爲世所罕見

何世華字盤山康熙辛卯舉人雍正甲辰進士任山東壽光縣知

縣勤於課士又捐俸設義塾雖鄉僻亦延師教之獄訟因以減少縣中陋規不一革除淨盡以蘇民困聞壽光人尙祀之名宦有傳

張阜字元康號見虹邑庠生雍正元年奉旨薦舉孝廉方正賜六品服雍正五年又以賢良舉奉諭旨薦舉由府送司各賜以文策一篇亦彪炳可觀督撫皆許可時督學適兼理觀風整俗使事提疏稍遲六年六月始引見以教職用授處州景寧教諭著八行楷模錄訓飭士子買地設立義塚居官七載亦有聲

俞鎬字西厓乾隆乙酉拔貢生歷任江蘇無錫南匯上海江陰等縣最後授山西大同縣不一年卒於任公彊幹練達官蘇時庭

質兩造不用胥吏傳言曰吳越一家那有語言不通在無錫一日捕廳拿賭犯五人其三人則以賄釋放矣以二人送縣公問曰賭伙只爾二人乎曰獲有五人太爺已釋三人公曰他釋三人吾亦釋二人爾等去罷一時傳其事以爲識治體在南匯有牛路過突與賣油人遇油被傾覆遂控牛主欲令償公曰是牛之罪吾且笞牛邑人以爲奇羣集而觀之公遂令闔門勸觀者各輸一錢以爲償油費各一笑而散在丹陽辦南巡差尤能不擾民丹陽人爲立生祠水旱病疫皆禱之稱曰太公至今香火猶盛子際堯號盛斯從子勷堯號北屏鎬官江蘇時二人俱隨學際未冠邑院試皆第一積瘁成疾生母痛惜之不令習舉業

勷性本喜古文以故二人自相切磋時乾隆中葉江南北人文尤盛二人隨宦所至與名流倡和無少屈惜所著多毀於兵燹有傳其兄弟分拈多字韻詩際云酒從醒後天將暮水到澄時月受多勷云已去光陰流水速未完心事亂山多雖僅一臠亦足見二人性情所在晚年家居皆爲鄉里矜式詩見續兩浙輶軒錄

呂日永號午亭乾隆戊子舉人湖北穀城縣知縣丁酉庚子分校楚闈主試嘉其得士歷署襄陽德安等府同知性鯁介仕未三年不能媚上游辭官歸里囊橐蕭然惟以課子訓孫爲務子山臺孫文梁曾孫欽典俱以明經有文名

梁敦懷原名家號素園後以字行彩烟鄉芸溪莊人祖雲章歲貢

生父鰲邑庠生父遊學在京少寄食於外家已有子矣父入永平官吏幕挈之往知府李奉翰素精相術一見奇之勸毋學幕職當別有就同族文定公國治乾隆間名相也曾來新祭祖稔公家世時以湘撫入軍機會四庫館開需謄錄公父率至京謀於國治適額滿僅以供事保送遂留爲館客議敘得選四川金堂縣典史時年已三十有四二年署梓潼丞乾隆五十三年廓爾喀事起奉檄至軍前差遣中道以事平回任五十六年西藏用兵又赴糧臺差得獎敘以冕寧丞署洪雅縣印縣故有田河流急被齧公糾士民堰之成沃土會名山起水二縣令以供應兵差誤撤公署任兼理站事益器公才嘉慶元年升任太平縣

時鄂陝等教匪蔓延及川東雖勦撫兼施之詔下而匪蹤飄忽無定雲陽當其衝檄改任由間道方達已焚刼一空公於撫卹中兼籌防守期年立寨堡至六百餘以糧米分貯既免侵掠又省轉運軍需得以時應經畧益喜之下其法令各站倣行初匪於大軍追勦即散竄軍過則回匿山硐復出刼掠零星小股以百計中惟張長青王國賢二股各有數千人尙往來三省交界中公任雲陽既四年民亦苦亂離益匿就公饑則爲貰軍米以賑屆期完償無一欠又復建書院以教其秀者以故上下益聯合張長生者長青弟固雲陽民也以病爲堡勇縛送署公獨優養之長生益感激公從容詢問得其情長生言惟懼死不敢降

降亦恐不免即民此出尚難遑論吾兄公即如約命出飭各寨勿問衆疑之數月突有大水田寨長陳世輔稱有賊目陳求榮率四十人奉長青命來詢撫事公即命見之一如語長生言求榮猶以兵在境內爲疑公率同來四人詣夔府督軍行轅伸前請亦以受降如降敵爲戒公回巡邏寨中長青以五百人在附近無量山阻險觀望即由求榮申諭先繳器械許以不死羣感泣遂率以見制府此爲第一次王國賢在逃由長青輾轉尋獲招降至八千餘名此爲第二次川省於是報肅清經略亦獎許交至仍回本任理善後事所有虧缺槪由民自完蓋德公有素焉由眉州知州奏擢綏定府在眉時以生童向附嘉定府考試

路遠道險請由州設考棚皆允准三百年來此舉由公始未蒞
綏定川藩强資之以引見公年五十八歲方再赴京陛見時猶
以雲陽招匪事爲言詳詢善後機宜幷及新兵滋鬧事公再請
免其攤扣從前借支銀兩得旨允准川遂無事未數月回卽任
鹽茶道十三年升桂臬時年六十一歲陛見時又溫諭久之令
趨叩裕陵公以在雲陽時兩次丁艱昔惟墨經今當補報爲請
遂乞省墓假上因思及國治旣歿爲伊一家令便道看護幷令
卽日首途如命行赴任未三月調滇臬中途至馬龍州卽升任
藩司釐定運銅規制官民稱頌三年復請陛見耳已重聽蒙恩
仍飭回任又二年公年六十六歲內調太僕卿以桂臬有失察

事予休致公少落拓中年始達其家藏有雲陽招降圖爲政績之尤著者

陳樹蕡字音選性淳厚侍母疾彌月不解帶父病册祝以身代尋愈特愛之甚析產外獨畀金五百公不辭退仍與伯仲平分焉讀書通經史獨於關洛書且讀且思及覩近思錄悠然忘食寢以庠生食餼作文意在明理不屑屑於華藻居鄉多所拯濟辛未庚辰間歲遭旱暵爲粥食餓者不足則遍勸姻婭使各醵金繼之又爲平糴法遠近全活者數萬家董南明書院事出已貲置几案累數百復捐私田備日後繕修費邑故無試所公倡捐合貲庀工建數十楹於祝釐宮側士庶由是感奮絃誦相接尋

循川楚例署泰順學篆學祭器多窳捐俸新之縣有羅陽書院田故隸於學前訓導多侵之公爲申憲歸之書院且爲善後法樹碣焉去官日邑人士攀轅不忍釋驢送行册以志愛慕旋改安吉學復於其縣書院增置公田一如經理南明時事公雅以道自任秉鐸所至輒教以孝悌忠信月朔冠帶擁臯比講經一通抉性理數條爲之反覆推詳家居後教子弟日益嚴雖三子寮燮四子濟燮皆已成諸生次孫于垣亦舉孝廉猶日有課程輯義訓錄使誦之稍懈夏楚不貸年七十卒前數年朝廷廉知公德行以隱逸徵不起及卒敕有司崇祀於西學私謚文惠長子宁燮字扆鄰號笏山歲貢生著有駢體文集山川考古錄高

人高僧考及詩薈局促芝吟館詩集沃洲古蹟圖序行世次子榮燮文苑別有傳

陳金鑑字介鏞號蓉臺質實端重行方其軌少孤育於寡嫂呂氏貧不能讀挾卷而樵族人嘉其志共成就之年十四始專志向學以拔貢生舉於鄉道光乙未年五十八歲始成進士皆以經策取勝未第時以艱於往返留京館於諸城劉氏時雖顯赫及此未一往遂以知縣發山西即用先署潞城曲沃繼授黎城首建義倉百廢具舉敘修城功大計得卓異而公遽引年歸著有四書說易書詩三禮三傳周禮說謚法解補五馬山樓詩文集外有舊志評本雖未成卷帙而於古今同異及沿革源流言之

鑒鑒詳今志原始卷中孫維翰本名壽玉父文學星秀早歿學問一如其祖且以孝謹稱應縣試屢得第一李令突於通案中改第二以病遂未入院試叉因訟累幾毀家同治元年寇氛熾適偕幼弟志玉奉祖母及家人避難山鄉中會其族兄壽亭率以攻城賊均爲賊害年僅二十八歲以布理問銜贈雲騎尉世職詳忠義錄其妻梁氏歸守貞另入列女傳

俞貞由舉人挑一等仕山西歷繁峙寧鄉等縣仁愛及人循蹟卓著兩梭鄉闈所得皆知名士歸田後宦槖蕭然開館授徒仍如儒素焉長子鴻逵亦由舉人挑一等籤發貴州補授開泰縣開泰爲黎平坿郭邑號難治公寬猛兼施民甚畏服邑有重四塈

不承左證確鑿據以定讞檻送會垣道出其村其家囚證者甚謀要殺之公知之命其證由別道行而後遣囚經其處果噪而起既而見爲囚謀遂沮郡屬有會匪盛徒衆欲乘學使案臨時起事公知之以彈壓試事爲名請兵於觀察使而大張文告預發其謀匪知有備謀遂寢値萬壽節郡中演戲慶賀僚佐羣集太守狎伶人公責以何地何時太守愧無對罷飲於是公任開泰三載矣以觸上官怒謝病歸公長於教育從遊者甚衆十年中七掌本邑書院在黔人士亦多所造就同邑如梁進士葆仁黔如孔太史繁昌等皆其尤著者

俞汝本字秋農祖朝奚明進士官至工科都給事中詳本傳中九

傳俱以青衿世其業汝本少知名館杭時爲許張二氏諸伯仲
所宗中年始以廩生通籍丙申會榜第十名分發貴州卽用授
鎭遠縣歷任貴定婺川天柱洊升獨山州知州委運黔至京事
竣調牧黔西未滿任而卒其任所至皆愛士崇厲風教善爲民
興利貴定邑城圮力請重修躬自督察撫勞交至期月卽竣事
貴定故僻陋士子逢省試每以乏川資中止特於勸課之餘優
給膏火又爲籌集賓興費著爲例三年後士氣始振婺川土宜
桑卽教民栽種法幷設機織局使民自出售得利以鼓勵之不
宜桑者則導以江浙瀦水法民益樂從天柱無書院爲勸募重
建定課期增膏火一如貴定時黔西一老儒年已衰矣特置之

前茅曰吾以勸讀書種子獨山州有十栢山房爲陽明先生舊游故蹟向祀之而棟宇欲頹獨率州人修之落成日適黔中名宿鄭珍至因與祀焉一時傳爲盛事珍卽黔闈分房所得士餘如道光丁酉己卯癸卯三科中所得亦能文者多陳浚經學尤居首著有惜分陰齋詩文稿及聽秋聲館詩鈔退思堂雜著等已鋟版長子邦燾字西垣以雲南永昌軍需議敘布政司經歷仍分發貴州試用時境內未靖三足屯地會匪楊元寶聚衆蠢動大吏委本道查辦檄邦燾同往獨平允衆爲飮餞至勒石記其事次年遵義桐梓嘓匪楊隆洗惑蜀道人言遂起事縣城破以數萬衆圍逼郡城督撫提鎭皆往援糧運在前敵爲難邦燾

力任之郡西北道險方倚團首王安國爲鄉導安國與隆洗有舊忽貳於賊暗以情通惡之益生變思得一人招之反正營中數十員皆面相覷無一應某太守知邦燾果敢强之往逕以單騎隨侍者二人赴堡中迎者持械以千數安國初尙匿不見閒只三人始出營中遙望之至去後十日無一信息以爲死矣邦燾忽仍乘馬疾還營得其要領而歸上下俱嘆服以是遂得平隆洗論功晉知州邦燾學本於父而才似過之以勞勩卒於軍年僅四十其子伯旭字芹觀亦能詩嗜金石工篆刻同治初任思南府經歷足跡幾遍天下訪舊至婺川於一故家書架中無意檢得一舊帙卽椒設蠶桑局時文稿紙墨如新因乞歸藏於

家靈爽所憑或非無故伯旭年已八十餘談次猶神其事云

呂青芝邑名諸生縣府院三試皆冠軍家世業農公讀以佐耕弟青藜求析爨再三勸止弟不可後弟窘甚公館穀所入必以分弟曰吾與弟天倫溫飽共之較之勿忍也好吟咏善擘窠書工畫鐘魚蘆雁尤佳寸縑片紙邑人爭寶之嘗畫百色圖煊染三載方成今猶藏其家著有覆甕詩鈔其館中思親吟有不知拜別後更白幾莖髭句纏綿悱惻至性溢於言表

梁葆仁字承薪號西園又號澤春生有宿慧家故貧或至不舉炊隨諸兒入塾不一言師大異之其祖教更嚴每曰余老矣異日汝成立詣余墓前祭告一言余願慰矣族兄東廬孝廉亦時資

以薪米得游學省垣文譽日起時彭剛直適涖杭欲羅公置門下公婉卻之雅不願以他途進富陽夏主政震武獨心契之丙子鄉薦後歷掌天台嵊縣諸書院教卽先完先人積逋丙戌捷南宮庚寅以知縣籤發湖北回里省墓思及前語有餘哀焉甫至鄂總督張之洞卽委辦文案謂深微奧折胎息秦漢鄂臬陳寶箴尤賞異之然六年間閒散如故偶書春聯拈江梅有雪不知寒之句黃忠浩爲言於鄂撫答曰行不寒矣丙申六月補天門縣四月間尙委辦京山唐心口堤工是時水陸漲堤潰民登屋呼號公惻然以船拯男女一千二百餘人并設餅糜以濟之久之始赴任手自治事者三月至廢寢食雖案無留牘而鬢髮

因之漸白邑中積弊莫甚於命案勿論貧富眞僞動給夫馬錢百八十串其家先破甚至禍及四鄰名曰飛鄰公首除之遇事只帶衙役十餘人不許絲毫索詐自是弊遂絶天不雨禱輒應民皆神之卽以荒逃亡因而回家者益衆十月兼委前堤工彈壓員同事八十餘人估工約八十餘萬緡張文襄親自詣勘苦無策其心腹李紹遠於月下邀公親勘密議公獨覈實以二十五萬請因以上達遂據以爲限衆愕然後工告竣如其言且省一萬餘緡自是安陸等四邑俱本其法行之稱爲堤工第一時適以饑辦賑公編定戶口五日爲期樹幟與軍伍點名式相彷彿竟一無弊期年後積案清理畧盡邑有孝子年二十餘割肝

救母春有麥穗三歧人以爲公德政之化也又爲購地種桑一
一示以成法爲書院資生息且云是土宜桑異日得與江浙埒
余願畢矣但余病日甚未知得見成林否士民聞之悲感交集
知公有退意固留公文襄語人云湖北第一好官奈何聽其去
端撫適湘給假孟臯則徑以在任調養改注批下士民大悅適
庚子禍起華夷幾成氷炭公力疾治之外人亦心折後傳旨嘉
獎并賞銜翎進道階非所願也文治督浙學舉人材以可勝將
帥之任保公已病不支矣乞假回日婦孺至有垂淚者猶冀其
回任也公既退於所居止止山莊旁立一軒曰兩曲復營東廬
墓地建祖父祠凡親族貧乏者皆有以潤之而戒諸子則日討

勤儉蓋皆自少年艱苦中得之也年六十三卒

俞函三字春三號一卿一名朝陽繼更名喦字皋雪蓋意有所託也父宰仁詳孝友傳中家世宿儒故里人宗之門下特盛君獨與同里唐占瀛登瀛兄弟等三人相友善光緒初無錫薛福成觀察本道雅喜課士於署側勝地建後樂園調各屬高材生以充之旋出使去吳引孫繼之因改爲崇實書院掌教陸太史廷黻時自北回遂留主其事汲引尤廣君與焉比年餘陸忽語其高弟數人曰俞某才或不逮汝等然其刻苦好學則過之甯人始稍稍知君數年後回應甲午鄉試遂中式嗣選授雲和縣訓導邑故瘠苦君一不介意課士一如其子弟知府趙亮熙素以京官著清望獨器之曰此苦行頭陀也裁缺後猶與議改革事

不令遽歸趙去而君始回慨然以文獻自任著有沃洲小紀分上下二卷其辨金庭道院爲非今地與唐登瀛縋險訪元水晶岩題字記爲最精審志事設局君益虚懷商訂聞有遺文佚義一以君言爲圭臬故其採輯更多及戊午脱藁歲暮將付印金侯觴之曰此役雖予與同人不無心力然克成夙志者君也終始其事亦惟君凡事需則賊如時迫何君始身任之不復辭諉次日即束裝赴滬局凡讐校補正之繁碎裝訂議價之紛擾以一身兼之如是者累月至忘節序今夏六月告竣有期矣而君竟以勞瘁客死先是金侯以疾謝事在籍已三月聞訃親往哭之至謂伯仁由我其言雖過而君固以身殉志矣君於經宗伊

洛今春得邵子皇極經世全書點勘探索益若有悟於史幼卽喜史記在邵子二雲評本尤爲致力今爲刊行於世爲文章必委曲詳盡餘則著述散見當俟後爲補定生平冬夏一蔬布事繼母以孝稱每與故舊言欲於高洩故墟築一草廬名之曰厂廬爲讀書娛老地迄不可得或者生有夙因故於世未久歟志事適成又遭此變後之見者悲感當益無盡時

新昌縣志卷十二

人物

理學

宋

石墪 通志列入台志其先新昌人兩浙防護錄墪作⿱敦山後徙居臨海台學源流因之府志作墩列爲理學第一人其登第亦在黃前原志反係在後似誤評本作⿱敦山从山不从土 字子重公孺孫幼端愨警悟博覽羣書有志聖賢之學年十八舉進士紹興乙丑授桂陽主簿秩滿調同安丞民饑白府請蠲租委墪便宜行事民德其惠政改知武進縣有訟數年不決一訊立辨郡守欲爲寓客治第屬役於縣費鉅萬墪不從守怒欲中以法墪求罷歸民詣郡遮道號訴因更調尤溪縣時學校

久廢塈屬其友古田林用中來掌教事選邑才俊充弟子員萃佐史賓客往臨之開陳聖賢斆學之方聞者莫不感悟他邦士子有裹糧來學者至不能容乃拓地廣之買書萬卷置田數百畝贍之更考古制舉行鄉飲酒禮於是士咸知學而民俗丕變及代去民畫像祀之監察御史陳舉善薦於朝丞相史浩舉名士數人塈與焉有旨召對首陳人君之道與天地同大言甚剴切上皆然之累遷太常主簿代朱熹知南康軍未行熹使浙東聞新剡饑民轉入台境亟以屬塈塈奮義前往不辭勞劇民賴以全活者甚衆熹曰醕儒康濟之績也塈天資高邁究心理學與熹友益講明經傳宗旨盡得其精奧朱子嘗稱其論仁之體

要甚當願長者各盡力又謂心說甚善但更須收斂造約爲佳語錄或問發爲著述簡明醇粹多與熹合所著中庸集解宋史藝文志十先生集解詳藝文門熹嘗採之爲中庸集註又別爲輯略以存諸儒之說而塈尊經衛道之功明矣熹嘗名其所居曰克齋而爲之記以著求仁尚友之志一時學者多師事焉熹嘗呼之曰子重兄云及卒又述其生平志行之大者爲之銘墓所著有文集十卷集周易大學中庸解數十卷明嘉靖間郡守洪珠特建書院於鼓山崇祀而表章之由原志與省府志增節

黃度字文叔好學讀書秘書郎張淵見其文謂似曾鞏隆興元年進士知嘉興縣入監登聞鼓院行國子監簿言今日養兵爲巨

患救患之策宜使民屯田陰復府衛以銷募兵具屯田府衛議十六篇上之紹熙四年守監察御史蜀將吳挺死度言挺子曦必納賂求襲位若因而授之恐爲他日患乞分其兵柄會稽續志度論蜀吳氏曰蜀郡歲運緡錢四十萬名曰饋邊實富吳氏民力盡矣成都非用武地本賴梓潼號東西川劍閣漢中翼遮於外昔人守蜀之常也今內無一兵若吳南指區區制置使何足抗哉今挺死急合興利爲一民力可少寬是日上反復語蜀事至旰遂以張詔爲興州都統制而合興利分東西川執政莫敢任責後挺子曦復歸興州竟以蜀叛宰相難之後果如度言光宗以疾不朝重華宮度上書切諫連疏極陳父子相親之義不聽乞罷又言臣父年垂八十菽水不親動經數月事親如此何以事君蓋託己爲諭又劾內侍陳源楊舜卿林億年三人罪大於李輔國又言天下有道則庶人不議今天下無不議聖德者臣竊危之猶不聽遂出修門

上諭使安職度奏有言責者不得其言則去理難復入甯宗即位詔復爲御史改右正言韓侂胄用事知度常與留正論事不合諷使擠之度曰丞相已去擠之易耳然長小人聲燄可乎侂胄驟竊政柄度具疏將論其姦爲侂胄所覺假御筆除度直顯謨閣知平江府度言蔡京擅權天下所由以亂今侂胄假御筆逐諫臣使俛首去不得效一言非爲國之利也固辭不拜丞相趙汝愚袖其疏入內詔以冲佑祿歸養俄知婺州坐不發覺縣令贓罪罷自是紀綱一變大權盡出侂胄而黨論起矣宋元通鑑光宗紹熙五年十月度將上疏論韓侂胄之姦侂胄覺之以御筆罷度右正言出知平江府朱熹因度之去講學畢奏疏極言時事原書分四事侂胄乘間言熹迂闊不可用帝方倚任侂胄乃出手批除熹宮觀甯宗慶元三年十二月王沇上疏乞置僞學之籍於是僞學逆黨得罪著籍者凡五十九人以趙汝愚留正周必大王藺

四人爲首又自朱熹以至呂祖泰共五十五人度係第三十四宋史本傳并其婿周南罷之亦入黨南爲平江人然侂胄素嚴憚度不敢加害起知泉州辭乃進寶文閣奉祠如故侂胄誅天子思而召之宋史葉適傳沆創爲僞學禁舉海內知名士貶竄略盡其後侂胄亦悔且薦度及樓鑰邱崈三人除太常少卿尋兼國史院編修官實錄院檢討官朝論函侂胄首以泗州五千人還金度以爲辱國非之權吏部侍郎兼修玉牒同修國史實錄累移疾以集英殿修撰知福州遷寶謨閣待制始至訟牒日千餘度隨事裁決日未中而畢進龍圖閣知建康府兼江淮制置使賜金帶以行至金陵罷科糴輸送之擾活饑民百萬口除見稅二十餘萬擊降盜卞整斬盜胡海首以獻招歸業者九萬家侂胄常募雄淮軍已收刺者十萬餘人別屯數千人未有所

屬度憂其爲患人給錢四萬復其役遣之遷寶謨閣直學士度以人物爲己任推挽不休每日無以報國惟有此耳十上引年之請不許爲禮部尚書兼侍讀論藝祖垂萬世之統一曰純用儒術二曰務惜民力上納其言謝病以煥章閣學士知隆興府歸越提舉萬壽宮嘉定六年十月卒進龍圖閣學士贈通奉大夫度志在經世而以理學爲本作詩書周禮說宋藝文志書說七卷詩說三十卷周禮說五卷

葉適周禮說序周官晚出而劉歆遽行之大壞矣至蘇綽王安石又壞矣更三大壞而是書所存無幾矣詩書春秋皆孔子論定孟軻諸儒相與弼承世不能知而信其所從井洌于逵衆酌飲焉惟其量爾故治雖不足而書有餘也孔子未嘗言周官孟子亦以爲不可得聞一旦驟至如奇方大藥非黃帝神農所名無制使服食之法而庸夫鄙人妄咀呑之不眩亂顛錯幾希故用雖有餘而書不足也雖然以余考之周之道莫聚於此書他經其散者也周之籍固莫切於此書他經其緩者也公卿敬羣有司廉教法齊備義利均等固文武周召之實政在是也奈何使降爲度數事物之學哉新昌黃文叔始述五官而爲之說亹亹乎孔

孟之以理貫事者必相發明也惻惻乎文武之以德型民者必相經緯也守天下非私智也設邦家非自尊也養民至厚取之至薄爲下甚逸爲上甚勞洗滌三壞之腥穢而一以性命道德起後世之公心雖未能表是書而獨行猶將合他經而共存也其功大矣同時永嘉陳君舉亦著周禮十二篇蓋嘗獻之紹熙天子爲科舉家宗尙君舉素善文叔議論頗相出入所以異者君舉以後準前由本朝至漢遡而通之文叔以前準後由春秋戰國至本朝沿而別之其叙鄉遂溝洫辨二鄭是非凡一字一語細入毫芒不可損益也

著史通抑僭竊存大分別爲編年不用前史法至於天文地理井田兵法卽近驗遠可以據依無迂陋牽合之病有藝祖憲鑑仁皇從諫錄（藝文志憲鑑三卷從諫錄三卷）屯田便宜歷代邊防行於世（志稿由宋史增）生平淡泊一室蕭然無耳目之娛獨嗜書至老不倦卒謚宣獻（原本萬歷志）中子章字規復學於陳止齋傅良嘗爲幹官檢身以正與人以恕講學以達於道德性命應事以通於變故倉猝其卒也師友皆痛惜之葉水心爲其詩傳序（由止齋學）

案增

石宗昭字應之別號誠齋師事楊龜山與一時諸名賢友故其學邃而博登進士仕無爲軍教授丞相史浩薦其學問操履文采政事四者皆過人改知長洲縣丞相趙汝愚復薦之引見擢舒州倅召試館職除秘書正字直文華閣昭志趣高遠學問淵宏而深自晦匿人推其賢朱文公嘗與論學有答石應之書官至福建提刑後贈金紫光祿大夫加特進弟宗萬別有傳原理學本萬歷志

俞浙一名公浙字季淵號默翁登開慶進士授廸功郎慶元府教授主管尙書刑部架閣文字凡七轉官德祐乙亥除太常丞改監察御史辭不允三疏時事皆忤旨留中不行改授大理少卿

不就乃浩然歸閉門著述有六經審問五十餘卷離騷審問十卷韓文舉隅十二卷浙爲人寡言篤行端矩矱肅衣冠莊重介潔清明和粹不喜馳騖與石整黃度先後發明義理之學尤崇尚朱熹經書傳注晚年深察而擴充之以求合中庸之旨自號致曲老人兄公美別有傳公美係譜名本名瑞端平二年進士又有浙伯叔行名西秀著希有集浙爲之序浙兄弟行在城號梅軒者忘其名子侄行名湘號景周咸淳元年進士一號梅埜者在龜溪亦未知其名均見陳本堂集附識於此子楊鄉進士泰定間郡守王亞中採訪理學行誼立祠褒崇風勵後進惜其所著書多散失惟孝經審問尚存祀鄉賢原理學萬歷志幷詳金石門由晦翁學案增

元

楊居通志作林居字溫如新昌人聞天台于子惠傳伊洛之學執經而

受其說又以爲言之不文不能行遠復從韓性游取文章大家日研摹之其於分章遣詞之法辨其類不類尤嚴爲界域時黄文獻溍以文名當代居撰長書爲贄溍讀竟揭諸座右賓至則指以示之曰是豈非文耶其器重之如此嘗以春秋舉應鄉闈不利遂抱關下帷學子趨之若雲性介而通莊而能溫一動一靜皆可爲程式善古文詞尤長於詩騷有亦愛齋稿原隱逸志附章廷瑞贈詩云高風自足驚流俗樸行眞堪繼昔賢安得子陵江上去釣竿同坐月中船今由乾隆省志引宋濂墓誌銘增

明

徐志文字大華登進士授南京工部主事陞屯田郎中性剛氣和動慕古人與一峯羅倫定山莊昶白沙陳獻章匏庵吳寬諸名

公游居官行政甚謹其志則翩然物外也嘗於官舍植竹結茆名曰可亭徜徉歌詠著有與齋稿數百篇皆春容自得定山志其墓一峯讚其像匏庵題其亭皆以學道志仁期之而惜其早世未及見其止也嘉靖中提督學校孔天胤行學至新昌考其遺文推祀學宮萬歷志原儒林傳著有六經審問離騷審問及韓文舉隅浙江通志　按此與俞浙所著卷目相同但無卷數豈俞發其端而徐竟其緒耶抑或同名互見誌以存疑

子壽卿字光岳通志引兩浙名賢錄光岳字壽卿與此少異或以字行幼聰敏好學尚氣節不妄交游請於父曰兒不能爲舉子業取科第願盡讀天下書使立身行已無媿古人可乎父許之乃結如斯亭藏修其中日夜研究至忘寢食既而充然有得乃與父友陳獻章莊昶輩游踐履益到舉聲色貨利

不攖其心人咸以巨儒目之監司及士夫過邑必禮其閭莊㬥尤加愛重作春風亭以居之其詩文賡唱往復載㬥定山集中萬歷志原儒林傳

姪雲卿字光遠少有高志與兄壽卿從莊㬥游有道學名雲卿承父兄家訓逸邁超羣不慕榮貴涉獵書史能通其指要不屑爲專門訓詁學善文詞尤善吟詠晚年操守益勵徜徉山水間蓋不攖情於世故者邑人推重之請祀學宮鄉賢祠萬歷志原隱逸傳

潘日升字益遜性端敏博學多識師事俞振強盡得其經學宗旨慕古力於進修爲諸生卽器重當道郡守南大吉掄入稽山書院與兄日章同遊王陽明門深究性理之學應選貢任邵武教

諭至敦禮讓督課程給俸賙貧改創黌序以陽明之學訓廸諸士人著父子兄弟夫婦朋友四箴俾諷詠之一時士風丕變關閩之學復振以子晟貴乞休家居杜門謝事日與朋舊優游山水間講道自樂好讀易扁所居曰玩易窩升持己方嚴處家孝友遇族黨恩禮藹如邑人咸敬仰之邵武士爲立碑請祀名宦著有貞靜集四卷（萬歷志原儒林傳）

呂宗信字廷立性莊重恭敬博涉諸經子史爲文嚴整閎深將貢以讓其友越二年乃貢授餘干訓導惓惓以孝悌廉恥爲教諸生莫不愛敬歲時餽遺惟蔬果尤薄者間受其一陞海康教諭轉周藩其門人皆祠而祝之還家子孫貧甚借兄子一室居之

終日危坐以吟詠著述爲事著有性理解疑天地本原圖及進齋集十卷門人仕浙者往往郵其後孫伯禮應募至海康士夫爲置產以居可謂以善教得人矣卒葬雪塘萬歷志原儒林傳

丁徵字允中別號從吾野人少習舉業稍長曰吾非青雲器也遂棄去天性篤實事親長極誠敬衣冠言動必循禮制士大夫聞其名聘爲子弟師辭曰親在不敢遠離乃就近舍授學每旦必具衣冠揖父母而後去得一珍味必携歸奉親夜必兩起至寢室外潛候動靜雖隆寒不廢途遇諸族父雖負擔必拱而立恂恂應對惟謹早歲喪偶不再娶見內人必擁面避之宗戚憐其貧或賙給之謝不受其子請學星相自給徵曰爲此術必欺人

取利但勤耕稼足矣畜一猪售於人或戲其多取値卽追其人十餘里還之其篤行多類此邑宰屢請鄉飲固辭不就萬令必欲賓致之遣車馬督里老敦請乃徒步百里至城老幼聚觀若神物然所著有四書講義詩易注解從吾心說萬歷志原儒林傳

章時字越觀萬歷己卯弱冠浙闈副元數奇不偶以明經廷試第一授鹽官訓遷江西上高諭耄而好學以濂洛爲宗學者方之白沙先生原選舉志註

呂光賓字和賓十五而孤致孝於母友愛諸弟昆撫兄孤如己子性寬宏或非意相干唯自反不校與人交久而益篤弱冠有聲黌序與山陰徐渭友善贈以詩有賫家有子皆丹桂馬氏何人

不白眉之句屢困浙闈游太學授中都幕府鳳陽歲大祲力請發粟賑饑民賴以蘇有百戶爭軍田久不決光賓立折之當道廉其能他郡疑獄輒移訊多所平反焉雅志理學登甘泉湛先生之堂甘泉手書隨處體認天理六字贈之曰携此而南足矣胡躭五斗爲居官甫八月投簪歸搆拙逸樓數楹日夕對甘泉六字禔躬接物無非是者萬歷志原隱逸傳

孝友

宋

呂蒙字仲晦事親至孝痛父集蚤喪葬於邑之杜潭不忍舍去居墓下久不返子琰以父年老遠居苦淡自抑憂懼不已乃即母所葬白龍巖謀築室其傍將迎居以便終養時紹興戊辰歲饑米斗千錢琰竭囊羅於京口度其還可以畢事無何米舟沒無遺粒而歸琰不以爲意畢力成之乃迎父居其中蒙感母修齋理佛亦蔬食終身一日焚香危坐而逝合葬龍巖琰克終大事悉以家務屬諸子居龍巖舊廬戀墓不返榜其廬曰報慈用父詩句也每至忌日必哭泣盡哀如是者積久不懈後以子元之

等貴受封葬於陳巖陳止齋爲銘（原孝友傳）

石宗萬字升之淳熙十四年進士（成化志）石溪人母喪哀毁骨立仕兵部侍郎（原志）致仕後以侍讀預修國史贈銀青榮祿大夫封會稽縣開國男食邑六百戶（原選舉志註評本由成化志原省志增節）

張亹公良曾孫其性孝友長於學問有所撰宗譜及畏齋稿黃謙爲撰狀（原遺英注稱本舊志）

元

石永壽（元史無壽字）字德遠待旦十世孫性淳厚事親至孝元末兵亂（原志）父謙孫年八十不能行永壽負父匿山中亂兵執其父欲殺之永壽亟前抱父請以身代遂殺永壽而免其父（元史孝友本傳）鄉人

哀之推祀學宮〔原孝友傳由元史明一統志增節〕今藕岸赤崖卽其殉孝地〔許本增〕

張觀津〔原志作僧今由省府志改正〕字子用元季隱居不仕父目雙瞽奉養不衰至正間寇亂居人皆驚走骨肉不相顧觀津謂其侄德邦曰吾父失明汝父多病吾與汝家貲不暇顧矣救父爲急脫有不幸當以身代可也德邦然之乃相與各負其父逃避鷓鴣山中俄而賊至揮白刃索金欲殺之二人卽叩頭流血請以身代父賊感而釋之父子遂得俱全父歿廬墓三年有風木倍悽清空咽松間月之句爲世所傳入郡志〔原孝友傳誤入明後今改正〕子德觀明刑科給事中〔原封贈志〕孫汝中父母早世盡心撫幼弟暨長爲婚配諸幹理悉心任之析產時兄弟相推讓人爲美談白太府下檄嘉獎年

逾八十卒世孫時春亦以謹厚稱原志注

明

呂升字德升少以孝稱顧性介當元世將亂奉父母避地居沃洲山躬耕非其力所致不以養其後母歿而父已老且多病出入起居必賴升扶持猶蛩駏然且日盥櫛奉匕箸乾灑鮮滑以次第進父年高齒不任堅每食盡肉一斤升率妻子供飪必極精爛時相增減行則承以肘卽所臥處過旁舍纔三四步出入必呼升隨升不隨行則不往升偶離側必呼升若嬰兒當是時升非盛年而父復享壽將百歲稱百歲翁翁嘗得瀝淅疾囊腫如瓠末年尤甚便旋無時夜必八九起升以罌口附肉就注之淋

漓滿手覺已乃操布帛徐挹之日則蹲閫雪惡手自滌揄嚴冬嘗與父對坐榻上以被擁覆父兩股膝持雙足納置己胯間以燠之夜則抱父雙足臥升雖垂老終其身不入寢室其間詘伸摑灑搔爬按抑竟以升體爲其體如是有年時方國珍據台州新昌亂升負父避鸕鷀山出覘賊爲所獲知其孝子也善視之與食飲不入口輒泣下賊亦憐之命歌升爲青天歌浩浩歌歌已輒泣夜令擊刁斗升爲思父嘆賊感動縱之歸升夜行晝伏凡三晝夜還家叩戶侍者以爲鬼物久之啟戶乃升也相視大哭出其足芒刺一握升園有美杏父所嗜鄰豪竊之并奪其地升爲文訴城隍神卽譴豪疽發背曰還孝子地乃已豪妻子匍

匐叩門還地疽卽愈其孝通神明感盜賊若此明洪武應孝弟力田科詔授江陰主簿辭不就乃以布衣奉使山西三十三年再徵入覲又辭歸自號小小齋曰半村臞曰沃洲耕釣者升天資龐厚神氣冲和儀度凝然讀書究大旨嘗手抄六經親爲箋註初年家居教授與姪不用九成歌詠唱和士大夫東西行必訪問小小齋升卽留信宿酌酒論文日夜不倦有小小齋稿通志養親處在半村卒後祠在錦村初升有妾旣遣而生男於外長子珮潛收養之至是次子璡卒父感傷珮因見其弟於父相見甚歡其先世曰蒙曰琰俱以孝聞時稱四孝子云原孝友傳由評本增節

吳希汴字克素性柔順恂恂謹畏事父宗信承順顏色務得其歡

心洪武初捕民斷指者戍遠方其父以疾失將指之半里長懼連坐將執於官希汴憂形於色會有善接指者人弗之信希汴獨心喜乃截右足小指接父將指彼此血出淋漓月餘瘡愈指果續已而瘡復潰斷指如故希汴籲天誠禱復截左足小指接如前法血交氣貫一指宛然如生鄉里驚異以爲孝感所致云

原孝友傳

俞壽字本初生有美質垂髫即能屬文及長從董貫道學性孝友父母沒哀毁踰禮弟兄相繼失明迎醫療治不愛錢帛妹氏將嫁知其奩約不樂行也悉出妻所有益之再從昆弟有强取壽田租四百石避去者召之來歸具酒食設床幃與同卧起以慰

其心元末仕永嘉尉明召授成安丞調營道臨邛二縣以事謫大同未幾復膺召未赴而卒所著有隨寓稿原孝友傳

章衡民名灃以字行舉洪武鄉試銓賜第二人賜衣二襲授建昌府教授灃早喪父竭力奉母兄臥病躬侍湯藥及亡敬寡嫂如母撫兄三子如其子後母嫂相繼病亡久弗克葬灃晝夜悲號鄰里皆感其誠而賵賻之衡民早卒子以占甫九月妻俞氏鄭氏皆克守節教成其子中順天鄉試第一

章良民字士良幼失怙恃悲哀思慕人見而憐之其兄山民盡心撫教爲弟子員窮經博史安厝父母竭力殫貲哀若祖括時膺貢入太學除授刑科給事中夙夜惟勤出納敷奏必糾正闕違

一無偏黨奉命行甯藩册封禮遂掌科事九年考滿卒以上均原孝友傳

俞尚純永樂十九年貢永樂初兄尚文徙入京師尚純以兄爲母所鍾愛上疏請代因得釋未仕楊恭惠劉忠愍皆有詩以悼之原選舉志注

章蕘字希盛三歲喪母石氏即悲啼不食既長事繼母趙氏如事所生正統丁卯父感風疾蕘爬搔撫摩扇枕執褻器辛勤服勞終夜弗寐如是者五六年一日父握筆書紙曰蕘眞孝子吾無以報惟願汝無我疾汝子汝孫常如汝孝既而父病轉劇蕘益恭謹承順扶掖導引寒暑晝夜靡間迎醫禱神惶惶涕泣若小兒狀形容枯槁手足皸瘃弗之恤如是者又十年父歿水漿不

入口泣血三年忌日必哭泣如初喪後督學鄭公瓊廉其事特造廬存問載修學碑記中以風勵諸生云

陳大禎字景瑞三都硑頭人不學而性至孝父懷仁感心疾每發狂輒痛捶其子大禎負杖受捶惟謹父尋悟而止且病痱性好不常隨山水無不負以登涉如命坊市劇戲亦負父嬉笑以觀衆以陳孝子目之父偶食肉索蒜妻有靳色遂出其妻後父以爲不可乃迎還一日父謂曰吾佯死汝試哭禎初難之後竟長號悲不能止隣人聞之詫曰汝父癡汝亦癡耶禎曰吾念父終不免此故不覺痛心耳待弟景通極友愛有司屢加存恤旌曰孝子之門以上均原孝友傳

俞本原讀書尚禮父早喪兄出仕弟又失明本原獨奉母孝養撫諸姪若已子延師教之有司令稽算糧籍有奇零無歸收入已戶賠納十年賓禮鄉飲卒年八十四又鍚幼孤事嫡母以孝聞處二兄每事謙讓人難之有山與陳氏鄰日侵之鍚不校預營壽藏姪扞其上卽以與姪居常訓子孫以孝弟孫嘉慶以文章世其業又用怡名然爲人厚重方毅涉獵書史事母孝與諸弟讓待宗族有恩有爭者皆爲處分置家塾延師教子侄相繼登科云（均耆德志注）

呂泌字樂我幼失怙盡孺慕之誠有兄六人友讓無間言施德不欲人知博覽明悟翛然物外人方之陶隱居（原例貢注）妻李氏另入

節婦傳增

蔡丕承字繼廣性聰明涉獵經史善詩文純孝出自天植父嘉謀正統初戍遼東金州衛丕承痛思日夜涕哭奮志勵學將祿仕以迎其父未幾父病卒丕承聞之哀毀幾絕衰絰徒步至遼東得父屍抱哭又幾絕扶柩歸葬鄉名士咸爲詩歌贈美之由歲貢授九江府德化縣教諭正己以率人有蘇湖安定風成就發科爲名卿者甚多皆推本教澤立碑紀去思葬王婆亭劉忠器撰誌

張居禮字節之邑庠生因父病棄業歸養及父卒哀毀踰禮卜葬豫營欲廬墓次母史氏止之曰我久病不欲汝去左右乃攢父

淺土侍母左右二十七年非母命不入私室母有繼弟素鍾愛延之同處以慰母心仲兄攬解舟覆失官銀六十餘兩有司督急母以爲憂居禮易已田助償之母嗜魚於石坂拆室爲池身自芟草餵畜以供甘旨人名之曰孝魚池母年九十八歲而卒合葬栢溪廬於墓悲哀如初喪時疫大作死者相半人皆避之居禮心未嘗動災亦不染人謂誠孝所感云屢爲鄉飲賓及卒監司孫公移檄榜其名於旌善亭

章良駿醴泉人早喪父其祖存禎病瘋手足拳攣不舉駿日夜不離左右梳櫛揩拭撫摩疴癢靡所不至家貧極力爲具膳羞多口啗以飼煦煦如哺嬰兒狀每春和輒背負以行柔聲怡色冀

得其歡凡十歷寒暑弗輟祖病轉劇加痢駿侍疾愈謹手爲拭穢無難色祖對衆每涕泣爲言其孝一日病稍愈承命他出祖扶杖園中蹶於溝坎不能起駿忽心動驚悸奔歸扶救蓋其心無時刻不在祖旁也祖年八十四終殯葬以禮人稱順孫有司歲加奬勸以上均原孝友傳

何文邑庠生淹貫經史精舉子業一時名儁皆出其門持躬儉素有先哲風以母章氏年高棄業偕兄唐友愛致孝章氏年一百十歲文年九十七唐年一百蓋孝友之明徵也邑令屢奬之

趙經年十一爲父吮疽既長充廩生母遘風攣遂乞終養母不耐臥日負行於庭無惰容四世孫天與以篤厚世其家以上原耆德志注

呂好和名樂性至孝父歿喪祭以禮奉母及祖母曲盡愛敬母疾籲天祈代煮藥和羹幾裂膚爛指嘗出貲以賙族貧遇吉凶事悉爲處分里有事多就質之冬夏具茗粥濟飢渴者名儒吳與弼題其墓

潘憲朝本名楠號璞庵少篤學以父百歲翁疾遂棄舉子業終養教諸弟撫遺孤咸承順親意母喪哀毀廬墓二年思父遠居還家奉之朝夕孝養備至父感足疾年已七旬猶躬調藥食扶起居性剛直不苟取與至賑貧貸逋還遺金多人所難能者邑令累以孝義旌之詳見都水員外俞振强狀以上均原孝友傳

呂益宗以子若愚貴贈行人司左司副性誠篤不欺居家敦孝義

嚴禮節待人曲盡恩意口不言人過與後進語懇懇歸於忠厚臨終自撓有形骸總喜全歸地腔子從來不愧天之句可知平生所守矣原封贈志注

呂玉肩字志函號源泉讀書博雅爲邑諸生性篤孝孺慕殷殷父母稍色不愉輒左右不離母病劇親嘗藥餌三年衣不解帶禱於神夢神告曰汝但虔往天台石梁問高僧有藥可治遂齋戒徒步至石梁果有老僧趺坐哀告之故僧出藥一丸封固付之曰路中不可開酬以厚價不受回首忽不見至家開封異香盈室服之病愈九月又病渴思瓜遍覓不得忽於園中拾得一瓜穰紅而大味甘甜如蜜剖食之渴遂止皆以爲純孝所感

俞大漢幼失生母事嫡母黃以孝聞母病瘋臥不安席漢橫身牀蓐俾母足加其上手不輟摩撫口歌謠以適其心便液下親爲拭席滌器晝夜靡倦既歿哀毀終身諸當道旌其門給冠帶粟帛年逾九十卒

石槐永新縣令敬顏孫居小將事親至孝父病侍湯藥躬廁牏沐浴滌垢如是者七年無倦病終哀毀骨立柩殯在庭鄰火延熾仰天號慟風反火滅歸葬汪坑廬墓三載有六月晨昏奉菽水稟話言無異生存至今有孝子廬以上均原孝友傳

俞用貞名良以孫欽貴封禮部侍郎性純篤痛父兄早世奮自樹立益產業建祠堂嫡母丁失明事之惟謹疽發背親爲洗視生

母童喜佛書爲建佛堂適之歲饑民肆剽奪有司逮捕數十人將寘於法用貞力解之大學士商輅爲神道碑記

俞朝寰以子則全貴封文林郎性孝友淳篤閨閣内有隱行母制於寵妾寰迎歸獨養曲爲承順兩得其歡心購田宅輒爲諸昆所奪擊至折手無怨言享華膴每念弟卽泣下蓋古薛包氏之流亞云以上均原封贈志注

俞浦原志作溥今由俞氏家譜改正幼警敏嗜學嘗遊吳中遇險濤遂絶意仕進事父母克盡孝敬與鄉人居恂恂然不以父兄貴宦而有驕色遇交易甯厚其値遇横逆直受不校原義行傳注有盜竊其穀獲而釋之戒無復犯元旦有大蛇蟠於堂中衆曰火兆也浦焚香祝天

曰使浦罪果難赦願火止一家無延鄰屋後亦不火其厚德多類此子集柔孫時及時歆相繼登科第人皆謂浦種德之報以子集貴贈監察御史原封贈志注

俞從觀邑庠生也爲漸齋次子潛修篤學屢困棘闈遂樂志林泉邑人咸器重之父歿於南海官署聞報痛絶家人救甦不入湯水者七日長兄扶柩還家號慟湧血見者莫不慘傷宦囊竟置不問析産以磽薄自予事母得色養喜則欣躍不勝慼則坐臥不安必多方博歡而始已族中推爲宗丈凡巨細事致爭皆質成於觀觀悉以情理諭之故俞氏之門卒無訟間有不能喪葬捐貲以助之訓二子長學祖次學吾列黌序捐館後配姚氏守

節亦善事姑姑享年九十有奇姚臻百有七齡由原孝友傳增節

陳所志字汝成事親以孝稱待庶母弟友愛尤篤嘗閉戶讀書工古文詞一日覽其祖南坡所著道統管窺及衡門吟等集喟然曰吾祖以理學垂世可勿繼其志乎遂棄舉子業一以躬行實踐爲學族黨有過則直言規之里中失德者輒相誡曰勿令陳逑峰知也年二十喪偶終身不再娶子善言仍早喪偶亦以鰥終人稱爲兩世義夫原義行傳

陳三省字思曾性溫醇弱冠補弟子員手錄經史滿車所纂註每有獨解其持身接物退然若不勝及遇事可否又未嘗不侃侃焉祖父並早錄三省曲體隱微纖悉備至奉甘旨者無不謹年

三十八祖父同時去世哀毁致疾猶彊起治喪姻戚慰解之𠒀然曰終天之恨不及躬親雖生奚爲力疾勞瘁遂不起不旬日間而竟以哀毁卒聞者莫不感慟原孝友傳

陳善言字惟忠幼喪母及壯喪妻飲食寢處日侍父側承奉惟謹白首如童稚與人交表裏無二取與不苟一日往典舖贖所質誤以他物與之歸視値逾己物十餘倍以非義勿取且將累質者亟持還嘗拜先塋見人盜山木爲之卻立或趣之行曰知而不究恐長盜心究之則貧者可憫吾佯爲不覺俟其逸也生平長厚類如此年六十二遘父喪撫膺大慟曰吾無息不侍父側父死吾不獨生矣竟哀毁而卒距父歿僅三日原隱逸傳

呂師賢即百歲翁字愚卿幼孤鞠於叔父琴山配享世孝子祠欲使爲嗣辭曰某先人無別子不可爲叔父後乃命他子爲之而師賢益孝不渝叔父殁服喪三年卒年一百三歲墓駝峯之南麓

潘成佐名僎七歲喪母哀痛如成人出外得菓必歸獻柩前及埜廬墓次不忍舍去事父及嫡母尤謹當道以孝子旌之羅倫吳與弼有詩章贈焉

陳景熙三都人性謹厚自少喪父事母孝躬耕力養母病瘋手捧汚穢及殁哀毁踰禮有司屢以孝子扁其門

呂世風年十六喪父讐家以主使謀殺人誣其兩兄兩兄皆在庠

世風卽以身代就逮逾年始白治家有規矩家累千金終身與物無忤或利人亦不任受德訓子光化以文行云

俞邦鼐嘗讀書涉文辭以母病遂閱醫方以奉洪水壞堤從怒濤拾父遺顔居鰲峯有台寇鼐抱母涕泣寇釋去居鄉恂恂長厚里中惡少望見杖履輒避匿嘗訓子尊賢以無忘先德克樹立焉

王芬下醴泉人父遘奇疾坐臥不安芬曲意承順周榻外環列諸榻惟意所指示負而赴焉或手取便溺歷十載不怠父病革手書眞孝二字及卒廬墓三年都邑賓禮之爲表石

丁選南洲人事親以孝聞親歿泣血廬墓遠近哀慼讀書解大義

屢延鄉賓名人贈咏甚多

潘日昆字仙巖儒畧人性至孝幼事母疾親嘗湯藥歷久彌竭精誠及長修德樹義鄉黨有爭者咸受處分且好施與崇禎九年大旱遠近待以舉火者數百餘家當道共賞賓飲者三享年九十有餘里人稱爲德孝子以上均原耆德志注

呂繼鰲號懷畲性敦孝友不樂仕進以吟咏著述自娛事母王氏極盡孝養母鍾愛次子鰲多分貲與之曰母心歡余心安矣外出體稍震竦卽奔歸母果有恙母患足痺每晨起禱神願減算以代果愈人以爲孝感云所著入賸字義易簣時猶囑其子天任代書又有蛩鳴集吳楚遊草壬午稿管語奇字摘解藏於家

其子天任亦以文行重於鄉克紹乃父云原隱逸傳

呂曾模崇禎元年選貢明末隱居求志天性孝友承事二親七十年如一日遇寇難未嘗頃刻離讀書明理不信佛老持已接物不踰一敬訓子侄以義方鄉黨欽式焉原選舉志注

呂玉涵字志養少隨父官江北見父有鱸蓴之思卽曰盍歸乎父喜曰小子可謂養志矣弱冠有聲於庠絕意進取博極羣書而與人則藹如庭訓訓人一以孝弟忠信爲本行年九十不少衰生平不信浮屠嘗著有闢佛說原遺英志又有通政續編秘而不梓曰吾以自娛非求衒鬻也由府志增

王如紀號見松孝友性成人無間言出繼叔氏世西式穀事之克

恭克順孝道兩全友于並篤尤好施與貧乏德之者甚衆黨里咸曰若此君者當求之古人中原著德注

張中字宗哲號遯菴明邑庠生生而穎敏博洽經史饒有膽畧邑有艱巨事賴以主持律身課子以忠孝爲歸明末山寇起父屾雲年八十有八老憊驚恐中負父遠遁一日數遷深入西山別墅雖處流離必備甘毳躬耕以供饘粥優游丘壑間日以奕棋畫墨菊爲事謝絶世棼裏足不入城市翛然有笑傲烟霞之致因自號遯菴越數年先父而亡妻俞氏代夫終養尤爲敬順飲食盥漱扶掖必親拭席浣裳早晚滌溺不避垢穢奉侍至九十三而終里人稱其雙孝遯菴生平詳山陰張岱所撰墓誌銘原隱

逸傳 志稿由府志增節

張世讓字德溫性純孝母患瘋疾十餘年不離苫席昕夕侍養終年無倦無論食與匕箸衣與解結即自盥滌以至便溺必親承之十年如一日或時負而遊以舒母目或敲檀板歌唱以娛母心母歿廬墓三年 增

黃堣梅渚人字永方成化年間處士精經學幼失怙事母極孝母病頃刻不離左右母卒哀毀骨立廬墓三年醴泉章副使題其居曰孝思巖泉彩烟山甄布政與蕭山魏尚書咸撰詩文以贈之范村張蘊之特畫繪廬墓圖幷賦詩文以述其事邑侯曹公書純孝二字顏其額一時名人鉅公聞其事爭頌之 增

按南史如公孫僧達韓靈敏兄弟及八歲小兒皆稱剡籍剡錄亦登之又如王知元鄭僧保二事特未知爲新產否故亦未錄即如評本於明節婦表俞氏下簽明其子克昌嘗割股療親病於東鄉細深坑村言趙德忠亦有此美且廬墓於此未知爲何代人又無事蹟可考附識於此

清

陳氏二童子者鄉民陳王娘之孫兄甫九歲弟七歲一日往山摘楊梅虎躍出噬其頂兄恍惚見有紅袍人椎虎即往搏虎頷奪其弟出亦被傷歸家有一僧過授以丸藥並得無恙原其所由厥祖以妻死誓不娶時人義之因其乳名呼爲王娘和尚順治

丁亥己丑邑洊饑王娘每晨令二子肩米二石向遠近居鄰問能舉火否不能即計口給之日以爲度所全活者衆時軍需馬豆派民間孔亟至有投環赴水者王娘趨縣自認納豆三十石縣令欲旌以扁辭不受自居所至官路修砌數十里爲坦道於三溪渡架石橋以濟涉者家非殷富惟力農行善其幼孫搏虎事人謂積善之報云原孝友傳

蔡淳順治四年恩貢九年考授通判性閒靜不樂仕進杜門謝客二十年以孝友稱於鄉

唐敬山善事父父老不寐常侍左右必至夜分如是者二十年嘗有賊夜入室意己臥可席捲去而不意敬山猶在父側也敬山

微聞聲心動知有賊乃迹而得之謂曰觀汝狀貌雄偉殆梁上君子慎無以此終更贈以金而縱之後數年明亡大淸兵至敬山避山中淸兵執之將加刃焉有一人闖然至急搖手曰此義人也不可殺乃赦之其人卽當日敬山所縱者也乃言曰自公贈我金卽投軍幸而有功今爲總兵矣卽遣歸幷有所贈焉敬山以孝行著能知人且能惠人卒賴此而得脫於禍患云由沃洲小紀增節

俞士弼夏畬人號柱軒能讀經史年十三失怙奉母甚孝母沒哀毀骨立廬墓三年康熙庚申享年六十六卒又有彬野者亦夏畬人砥行不苟共稱孝友年登大耋康熙間邑侯贈匾額曰德

齒雙高

呂撰字尚錫選貢孝友性成父沒積毀幾滅生勤事寡母三十年如一日字同懷尤肫摯遺嫁女弟奩具必厚造就弟撫成通儒凡宗祠社廟聖宮佛宇諸大興作皆立輸多金鄉里窮乏之者尤衣食之自建敬一堂以奉父祀置義田數百畝以是蕩其業不少吝弟撫字安世性至孝早喪父竭力事母雖受室後刻不離母寢母喪哀毀骨立廬墓者三年幼讀父書痛自刻勵年十五補弟子員喜藏書與兄析產不受廣廈腴田獨檢集遺書以去又自購益之築逸亭藏其中恣意繙閱遂精於天文地輿兵法性理皇極之學思見諸用而不得遂廣集名流以著述爲事成

書甚夥已半付梓適海寧查氏獄起因毀板焉僅傳有三才圖四大圖廿四史通俗演義乾隆元年舉孝廉方正以上由採稿增

楊元儀字付威號安山年二十隨父作聖遷回山有盜俞祿殺其父捕之不獲元儀灑泣曰今吾父死於賊不能剸刃賊胸斬首臠肉以洩泉臺之恨何以生爲遂請司府廣緝告母張氏曰不獲賊兒不歸矣親率邏卒潛行密偵歷甌閩吳楚間不知賊所在從者曰子之志已盡而賊不可得且還家以俟後圖孝子悲泣拊心切齒而復仇之志彌堅最後於粵西獲焉縛賊告於官官爲具由申憲移檄浙撫梟既抵法始歸告墓初聘丁氏未婚會父遇害出偵賊十餘年歸年三十餘始婚焉

梁昌淵字竹林號芷齋彩烟鍾澤人父榮欽邑庠生行重於時芷齋其次子也芷齋好讀書亦邑庠生承順周至奉養惟謹少嘗刲股救其母家人無知者至彌留時更衣見刲痕問之不語固請之泣曰曩者吾村疫連日喪數人母勢不救計無所出籲天刲此療救之割親遺體以獲名罪莫大焉切勿與他人語語竟而卒又有鄞邦者號芸香彩烟棠墅人父世巧喜博至割產以償芸香無怨辭其四村演劇博徒聚會父必往博芸香夜持燈隨之促之去不走俟興盡而歸至明早又往亦如之其父性褊急雖抱孫少不協即詈撻之芸香恭立屏息不敢聲已乃進欵語使之怒若失家固近市有甘鮮必市以奉父族有狂生某嘗

語人曰名位不足論文章亦小道皆不足畏所畏者鄞邦步豐兩人耳以兩人孝故云然

裘笠偕字繼治六歲失怙事母至孝一菽一水無不盡母歡一言一動無不順母志時有裘家曾子之譽其母病療百藥罔效乃於夜半刲左乳下肉和參以進而母疾若失蓋天鑒其誠也又有貞詔俞金來孟莊塢陳炳蘭均能割股以療親病者

梁鳳毫字步豐邑武庠南鄉人也事寡母甚孝配盧氏亦善事姑育二子早世恐續配不善不再娶終身侍母寢手振床褥夏驅蚊冬溫席母以疲老惡重衾初更必薄棉漸轉更寒又不耐必深夜起益之嚴寒不外出出亦不宿宿亦不寐其意常在母也

六十年如一日母卒以母節孝請於上建節孝祠并建石坊於祠門納母節主於邑城節孝祠

王秋潭（佚其名以字行）邑庠生烏竇山大庄人也生有至性母患血崩病十五年一切洗濯諸汚物必躬自爲之時洪軍逃兵竄新郎奉母避難於鰲坑採薪負米不敢稍懈善於詩文爲鄉先達梁西園楊曉峰所推重著有消遣集以年不永尚未梓詩入沃洲詩存

俞仕鎬字雍齋邑廩生眞詔人善事後母後母愛之逾於所生眞能得後母之心也子宰仁能繼父志亦邑庠生閉戶自修門徒日盛平日秉以行義著即俞節母臨危受命時囑其子鴻逵所

謂汝父門生緩急可恃者也以文學禮讓世其家迄今猶有能述之者

呂氏二庠生俱藕岸人覲光母病風痱卽不復應試至親故家亦不住宿盥溲之事悉身任之十餘年無懈志錫光號心農父珍懷太學生承繼母竺節婦志拯孤拔困無虛日鄉里號爲善士卒時錫光甫六歲母李以哭夫喪明長卽依依膝下不忍遠離瞽母亦好施與無不遵給幾傾其產無所顧鄉中無賴或以横逆加之錫光恐爲母憂一置之不校事母三十餘年如一日

陳用琳篾山山頂坪人家貧幼喪父道光廿五年夏無穫生子爲累其母欲棄不忍而撫之年稍長勤於農事自奉麤糲奉母必

豐腴同治間李侍賢破新昌全邑被兵百里無米琳爲養親故約村人負糴外鄉時值隆冬行風雪中同伴泣而返而琳不顧也後母病瘻臥床三年琳置榻親側便溲起坐痰唾汚垢必自親理毫無厭倦色母亦曰脫棄此兒也安有今日後母卒琳水漿不入口者數日號泣慟哭聞者傷之

黃松林梅渚人咸豐辛酉洪楊入境其父與族兄增照同時被擄松林以爲均死痛泣不已有自賊中來者具語之至是始知父猶不死也顧賊勢甚大倉猝無出父計號泣達旦若有告也者乃變姓名入賊曹刺父確耗經年不能得松林終不倦已而遇於城北偶蓬首垢面不能識於是號泣奔走以情告賊酋願竭

家貧贖父歸賊勿喜也既又乞身自繫釋父暫歸否則伏刀俎以身代又勿許蓋賊奇其才思以父覊縻之也時賊申嚴令有思歸者輒殺之松林懼父罹難晨夕守之不去嬰嬰啜泣若小兒狀淚盡赤賊禁之弗可逼以刃勿懼遂釋之并釋增照曰吾以旌汝孝也事幷詳其妻節婦傳

竺永龍與父避髮匪難其父被執永龍聞聲出泣曰父老不如我壯可以供鞭策如何遂被擄以去不復返又有紹賢者父病篤刲左股以進中夜露禱願以身代其後父卒哀毀骨立人敬異之

倪尊循字嘉彰埠頭人父作梅生尊循三歲即抱育於節母梁氏

爲後其母年近七旬赴縣請旌親自抱文由府轉司至已八月時遲無及尊循驚蹶良久不能出聲至家病日劇竟以是卒妻石氏始爲姑建坊以成夫志

陳湘洲字福元諸生咸豐十一年十月賊破新昌城其父被掠湘洲日夜涕泣將入城求父謂其弟曰不得父誓不反矣遂佯狂乞食至城中訪父不可得遇賊執之去廹令降湘洲不屈慷慨賦詩題井上遂自殺志稿由浙江忠義錄增

張維正文童東鄉拔茅人辛酉十月邑城失守次年其父隨鄉民攻寇死城下維正乘夜匍匐至城邊伺月上於亂屍中偏認之歷四夜乃得負其骸以歸同時有呂之本者字學成邑庠生兄

弟三人伯仲早世父獨依之本奉父避山中亂兵窮搜父爲所得時本長子方侍祖亦不得脫本捨命狂追欲於要隘篡取之以力不逮被傷中其要害不數日卒

趙裕弟字小弟昆弟三行季父母以其少而憐愛之護其名不呼呼之曰小弟故遠近稱其孝者皆曰趙小弟邑後金山農家子也其父母俱高壽事之無不謹每農作入輒望門呼爺媽殷切之聲依戀如童孺無何其父遭危疾計無所出乃哀求諸神私刲其左股拾神前香塵丸之以進父病立愈再享壽三年無疾而卒年七十九母又疾如父私念前事差靈仍向神前私刲其右股母卒以愈復享年十二卒年九十六既葬不知禮之有廬

墓也每夜往墓所露處之藉草枕石中夜數起焚香號泣亦不知禮有所謂苫塊者風雨無間如是者踰百日病作家人哭挽之自是乃以朔望至所爲如前狀三年而後已當其廬墓也每旦日輒歸向墓作別既別矣三五步即回首望交手而拜若眞見其父母倚墓門者去而復還還而復去喁喁口語隔數里復然見者或笑之亦有感而泣者邑令侯琫森爲之請旌且給匾額一方顏曰純孝可風以上均由採稿增

忠節

唐

何茂字孔昭青州人仕唐爲吳越輕車節度使鎭東海專征討時婺州坑賊連結台溫山寇聲勢張甚茂帥師討平之旋師討溫嶺餘寇出險道遇賊突擊死之朝議厚恤其家蔭子增幕府參隨原武功傳志稿入忠節遂家焉增

宋

董公健字伯强雪溪人宋宣和庚子冬睦寇方臘起桐廬焚掠州縣蔓延新昌有五千餘人當晝入縣官吏奔竄莫敢當民望風響應賊寨滿布公健慷慨奮往率子弟與鄉人密受方略聚兵

萬人遂破賊焚寨斬首級以千計平民全活者無算是役也不煩王師遂復故邑公健素以剛直廉正見推鄉黨及守禦戰陣紀律嚴明所得賊貨罔敢自私由是人心益加畏服既而王師討剿西賊起公健爲先鋒公健藉累勝之威輕視逆黨以數百兵當數千衆殺獲甚多賊咸奔北既而王師不進勢孤援絕公健度事不可爲呼衆語曰大丈夫當以義死不可苟生遂自殺人皆歎息垂涕贈武功大夫汝州團練使令祀鄉賢長子受蕭山尉次四子皆承節郎原忠節傳幷詳大事記

石待舉字寶臣幼奇偉有氣節博學能文初爲父渥卜兆既得卜術謂不利幼子諸兄疑未決待舉曰父得藏身奚卹其他手持

奮鍊以前遂克葬既而第進士知上饒縣政明刑清一邑大治天子降詔褒諭之知臨安縣轉秘書丞會河陝用兵宋史本傳詔舉有守領之才者學士蔣堂以待舉應詔通志除通判保州先是州有雲翼軍數千人俱隸沿邊巡警當用武時精鋭驍悍故廩給特優治平間復領以中貴人訓練無法偃蹇日甚待舉下車條奏其事乞均廩食且以武臣領之驍卒往往怨語中貴人武繼縫罷去武臣俞貴代之貴本侯家奴以主恩得官怙寵恃勇與中貴人搆怨卒乘間鼓譟刼庫兵爲亂待舉聞難徒步率州兵得數百人與州將劉繼宗巡檢史克順討賊轉鬭於市賊鋒鋭不可當克順降之州兵潰待舉與繼宗脫身登陴招集潰兵謀

復討之叛卒乘城繼宗死於隍中待舉爲手書縋城求救於定州左右具筏請渡隍待舉曰食其食死其難義也爾曹欲吾苟免非臣節遂遇害年四十九原傳由通志增節　子衍之字克姜幼潁悟舉進士調懷仁縣尉其父既死難而賊以窘降詔原之衍之徒跣詣闕乞誅賊書五上不報衍之追慕哀瘠既終喪無仕意或勸之行廹於母命調弋陽清流二縣多盜賊衍之授方畧捕而寘之法境内以安爲仙居令以父故忽忽不樂移疾而行荆公當國使人諭意不答遂調長興丞而歸元豐二年以大理寺丞致仕原孝友傳

吴觀又名公一字叔大其先有名濟者仕吴越爲御史中丞宋初

棄官居新昌鄉人爲之立祠觀奇偉有氣節嘗築桃溪義塾以待四方學者故能大肆力於文章業成入大學上書言邊事不報景定庚申試六師大振天聲賦遂補稽山書院長未幾元兵南下與同舍陳非熊謀輔宗室節度使某固守以保越事覺咸請遁去觀不聽兵至城陷就執總戎諭之使降觀曰吾宋臣當守臣節且吾不以死懼故至此事之成否天也陳非熊既死吾可獨生乎終不屈遂遇害子班負骨歸葬後祀鄉賢班痛父死能孝養其祖父母人咸稱之原忠節傳并詳大事紀 非熊一名煥字思齊有氣節與吳觀同試六師大振天聲賦授稽山院長元將伯顔南侵朝議不協太后詔降恭帝北轅檄報慟哭即與觀謀奉趙節

度使圖恢復率家人集義勇千餘繕城固守元引兵薄城令張白虎招降非熊叱曰汝曹反招我降耶力戰而死弟羆彪虎子圭邕姪璠坑數十餘輩皆被害惟子壎留新昌獲免痛父死難屏居讀書後至元十四年婺寇掠新昌邀擊陳宣尉壎率宗人赴援聞宣尉死憤激決戰皆歿於敗兵嶺可謂世濟忠烈云原忠節傳并詳大事紀

按採稿丁宗正爲縣令金人陷汴力戰殉節惟云河南有楡城縣當誤故成化志不錄吳大順提舉兵馬與伯顏戰於姑蘇被執不屈死時地亦未符附識於此以俟考

元

董旭字太初公健之後也少負英氣博通羣書與邁里古思最友善古思欲興師討方國珍臺臣怒其不稟命殺之旭作詩傷悼其辭極哀楚遂歸隱山中居無何國珍據台及慶元强欲羅致幕下旭拒不受乃作詩曰鬱鬱芒碭雲未辨蛟龍形熒熒祥星光未燭夾馬營君子愼其微草露不可行國珍復强之終不屈府志又作紙鷂詩云爾形外假其中澆骨本非骨毛非毛牽連作隊小兒戲舞弄直上靑雲高只恐天瓢降霖雨濕爛破碎歸荒郊遂遇害原志朱彝尊題其江山偉觀圖云旭亦字遂初分印簡尾又有董旭私印印於簡端紙背題長欵於後書法亦工原忠節傳

子荆字宗楚忠臣旭之子省志作旭之弟府志言旭之子博學好古長於詩今增節

文尤善畫所著有翠微漫稿明初隱居不仕洪武十七年舉博學宏詞上親問治道稱旨授縣丞辭不就卒原選舉志

明

董晉字貫道旭之弟也少年學丹青術嘗訪鄉先生潘嘉坐客以畫士鄙之晉愧甚即焚其畫筆拜嘉爲師而受學焉不三年通習經史元末兵亂不求仕進所著古文爲先輩稱許方國珍僭據邑城欲官之不受遂避居東陽山中明太祖駐驆金華以禮招致晉往見說以經畧授知無爲州遇陳友諒寇城被執不屈而死時當在至元二十三年夏五月太祖本紀明史花雲傳友諒執晉抗罵不屈沈之江州人立碑頌德有詩集天姥山賦行世今祀鄉賢祠子荊別

有傳薛登進士官御史原忠節傳今由明史增節惟府志言荊既爲旭子何以於此復稱之是否公嗣無考

黄與東不知何許人舊志稱其舍生取義人有詩弔之曰名隨身共沒心與義俱生今不能詳其實矣惜哉原傳

潘大成號魯生明末以明經授金華訓導課諸生會文講學孜孜不倦大兵徇郡至婺或勸之行大成曰國之興亡死自吾分豈以一命之微虧大義哉城陷父子死之司理陳公牒云潘教官父子殉難本廳目擊心傷可謂無愧名教矣遣人護其家屬以歸原傳乾隆四十一年賜祀忠義祠志稿由府志增

俞國望字書素甯海志余抒素即國望字明季各記傳又作書素浙江新昌人寬惠長者有衆一萬然不簡練少選錄嘗以鳥銃敗田雄兵於山澗故田兵畏

新昌烏銃一日戰被矢仆道傍篁棘間追騎數千過無覺者因得免裨將持尺書入王翊軍越關走翼明棒而追之詰曰國望詒翼明謝軍政之肅其賢如此國望起武生封新昌伯（東南紀事并詳大事記）同事有丁日鑲者字君箴南洲人明生員子五人若予松予用予行予甯予時稱爲一龍五虎國望始起義時卽與謀文告一出其手後猶相隨結寨於南洲爲國望援事敗闔家皆殉節

採稿

清

陳夢星（採稿一作迺鐘）字鑑然諸生性狷介咸豐十年聞寇警居民悉奔竄夢星獨持其贄償夙負避居石溪村被俘罵曰我讀書數十

年從若叛耶賊槊之仆猶駡不絶口乃斫其頭同時有鄉珂人張行廣者賊至村焚掠烟燄四起縛之叉火其廬行廣力拒投諸火中先後同死難者曰張克潤楊英豪吴大綱吴玉金吴三和吴孝敏吴金贊俞和睦俞小方兄弟等吕溥亦諸生品誼重鄉里被擄不屈死於邑之西街橋庠生石以陟泉窩人亦不屈死浙江忠義錄由志稿增

孔開先光華同家井塘村咸豐十一年冬賊踞邑城分竄彩烟山上十八曲嶺開先等合衆據砦以守見賊駭勢欲郤開先語光華曰以逸待勞不如先戰戰而勝可殲賊不勝亦足自保若潰而走吾屬皆擄矣光華曰諾揮刀直前衆從之二人死而賊亦

畏郤其上嶺時馬塢頭人潘虎亮四歲喪父依舅氏亦隨同拒守瀕險時虎亮陷陣身被數十創猶奮擊不退賊乃遁去次日覓其屍幾無完膚同時陣亡者回山人楊天行董村人陳望良巖泉人甄紹溪夢賚蓮花心人陳銀寬琅珂人呂玉輝蔡廷富琅下人周廣法烟山人盛夢奎石溪人王尙植等同上忠義錄由志稿補入

楊鱣飛字大桐回山人咸豐十一年賊入彩烟時逼練使嶺依山立柵鱣飛偕弟小桐與村人陳壽亭獨以勇敢稱同治元年正月烟山巨族糾合民兵薄城鱣飛兄弟及壽亭攻西門分屯磕下坂小桐被圍鱣飛馳救殺賊數人力屈同戰死次日子志和往覓父屍不可得同隊中指視其處僅一左骸及小桐半身壽

亭亦殺賊數人左手斷力戰死庠生陳義山字遐齡東鄉八堡起義義山在焉躍馬薄城被戕於護田潭陳士瑞西坑人字懷玉年二十三殺二賊而後死其他死於西鎮廟者爲俞守廉死於西鎮嶺者爲徐上林兄弟死南郊禹王廟者爲盧搏生死澄潭者爲徐金庭死靑嶺者爲王志翰死於黃婆灘儒嶴者爲甄紹九潘興春皆死事之最烈者忠義錄并詳大事紀

徐令橋令材尙林奎林同祖兄弟也咸豐十年各鄉謀討賊家各出丁八堡素强悍徐氏兄弟先赴陣地賊登城瞭見五馬亭巔民軍攢聚帥隊而出一由東門一由南門兩路包抄農民素不經陣怯者先遁惟衝鋒首敵者不及避時徐氏令橋困於賊令

材尙林奎林挺身往援斃二賊酋卒以衆寡不敵四人同殲焉錢小金和後山根人粗識文義品行甚端咸豐辛酉洪楊入境憤激率衆執械而鬬死之黄鳳朝山泊處士年三十餘力學好義有俠氣率鄉團追賊於嵊東山村鬬數時遇害南區彩烟山人楊奇貢傭於蘇秦村錢祥麟家鄉團例按戶出軍楊代主從事擊賊於嵊東山村與同役東陽人王將茂同死之錢憐其義而葬之幷置產以示不忘

陳聚奎字星溪邑諸生同治元年賊回竄新昌聚奎避居東鄉劉門山閏八月五日賊至執其袂聚奎忿甚曰無汚我衣直奪其刀自割賊怒刺其股被害死著有自怡堂稿 浙江忠義錄 由志稿增

其餘守險抗節載在浙江忠義錄者如所列

俞附生孝建　附生連芳　桂林　助法　興福　全福　小金　金元　進才　附生岡　耕老　金榮　三玉　開思

呂監生汝球　增生

丹　附生思源　八品增生　瀛　附生乃耀　附生諸音　森　振海　德友　松老　應奎　正美

陳布政歷銜鳳翰理問維翰　從九訪

從八品于沅　全茂　雙喜　寶松　懷玉瑞廷　志玉　長春　義　國靖　紹春　金鳳

張克松　登富　柯老可凝　長世　雲弟

子洪　一根仁興　禮元

何六品銜武生武林全茂　監生普照

王助金　增雲　如新　穩國嘉　小歪　喜銀　尚勇　漢

銀　世松　宗先　錢頭　博　鴻益　緞　孝友　有土　朝老　細代　萬清　紹鳳　名成　富長　子法　根　其國

唐從九運隆正

國連裕

徐附生學清一作青　金林　朝林　來頭一作來鳳　金橋

劉附生維翰國采一作來

薛附生秀三

羅監生朝亮

姚心正

黃附生廷標朝老　豐北

梁武生殿標　志洪　根忠東升　金鶴　苟老一作文老

吳監生世仁小梅　先根

潘貴友　白弟　四老宏聖　保友　利

裘金蘭　炳廉　宜亭　銀成　金松

天喜良治

金紹才　進才經元

任大忠長祺

李立有　廷選成芳

厲永慶

蔡雲根 大通 范金管 丁秀標 其根 伙良 有才 南剛 楊美根 金聲 趙元通

甄紹寬 木友 昌根 其方 章寶有 拱美 開明 昌林 小昌 小金 玉書 朱漢銀 永水 小明 石培 木

法登 志安 小土 金火 金松 玉治 林順 子法 董錦星 天英 周金能 慶林 聖全 胡世基 增

程永清 增

計共一百六十六人由志稿及採稿補入惟石以陟與陳壽玉志玉二人均見前傳故不贅除詳大事記數十人外當不止此數至如威坪人職員胡基字肇周年六十八歲於同治元年三月初六日在六都鄭家地方駡賊被戕庠生陳緯字秉經咸豐辛酉十一月初十日被執不屈死均獎給雲騎尉世職陳鳳標字肇榮五月二十日陣亡程永清金克明隨母同殉亦今始補

入云

民國

陳文楨陸軍第一標步隊正兵辛亥江寧陣亡入浙江忠烈祠採稿

文苑

宋

章一經字清之富於貲而能謙約愛人好施篤志學問建平山書堂聚書千卷延文行之士主師席教子孫絃誦不絕立家規以肅内外其後子孫科名相繼元孫文華亦善詩文有南庄稿清俊可觀與吕德升俞原治爲社友蓋博雅士也可謂世濟其美云原文學傳

石象之慶曆二年仕太子中允字簡夫有詩千餘篇壯年致仕文潞公輩皆餞以詩既歸築圃蒔花與賓客賦詩棋酒爲樂趙清獻銘其墓原選舉志注

石延慶字光錫原名襲慶登宋紹興二年進士灑落不羈高宗深奇之賜今名任容州司理試中學官轉教授又中博學宏詞科改國子監丞通判台州原文學傳

王性之讀書目能五行俱下往往它人纔三四行性之已盡一紙後生有投贄者且觀且捲俄頃卽置之以此人疑其輕薄遂多謗毁其實工拙皆能記也既卒秦熺方恃其父氣燄手書移郡下欲取其所藏書且許以官其長子仲信名廉清苦學有守號泣拒之曰願守此書以死不願官也郡吏以禍福誘脅之皆不聽熺亦不能奪而止評本由叢語增　案嘉泰府志性之名銍汝昌人僅言寓居剡中王漁洋蠶尾文稱性之有雪溪集五卷曉發石牛一絕云怱怱車馬出清晨日淡風微已仲春松竹陰中山未盡梅花林外有行人寫景頗工別有默記若干卷傳於世亦不詳其何許人評本列入鄉賢

亦一客籍新地之人以石牛著名於此一證

黃譓熙甯十年由上舍釋褐宣獻公嘗撰其仲父仁友墓誌云譓有文行以特奏名補沂州文學其徒多仕顯者縣西有狀元坊相傳譓以特奏爲狀元云原選舉志註

按新自昔多騷人畸士如續尙友錄所稱宋三奇洪覺範奇於書鄭元佐奇於命彭淵才奇於樂於今無徵由沃洲小紀所述附識於此

元

丁若水鄮山書院長精於樂府音律與高則誠共編琵琶記又有欒泉文集鷄肋集行世原拾遺志註

呂雍秉南六世孫自號河西牧隱性冲淡能讀百家書革除間不事進取隱居西河躬耕以奉二親比老貧窶尤甚惟採薪薇以自給人或餽之卻不受爲詩文雄贍有牧隱集原遺英志注遍歷台山題詩石梁上時元兵已渡江詩曰衲子不知亡國恨焚香猶說賈平章子彧彪皆受經於其父彪自號鳴玉居士亦隱君子傳其家學彧永樂十五年丁酉舉人仕無爲州司訓後升福建連江縣教諭原選舉志注分爲二人評本於此亦有增節尚未明言以牧隱二字證之似實一人

明

呂天章字以成號雲門負才嗜古洞析奥義下筆數千言立就重然諾好施與族黨之藉以舉火者甚衆孤者爲之婚嫁貧者爲

之舉喪焚券市義不一而足建奎步塔以起人文營西渡橋以濟徒涉人咸德之曰以成先人之志爾晚恬育庶弟盡出生平所置產以均分之更以祖宅寶誥堂讓焉尤爲人所難者以歲薦任古田簿令因輸賦不及額鞭扑不前委爲代理從容勸諭分期限日俾次第以輸遂感激樂將邑有六保捐俸爲修葺民咸賴之訟者輒爲理解無不服其廉明邑民至今思慕不衰原政

續傳

章模醴泉人幼穎悟出羣五六歲善屬對有試之者隨口而應年十四能作詩人嘆賞之弱冠補庠生日記數千言目五行俱下文思如泉湧年三十二而卒先有張汝威者正統間爲庠生長

於古文詞邑中及台剡人士多從之游著有詩文稿藏於家以上三人均遺英志注稱由舊志所載

俞朝文正德四年歲貢以訓導升崇安教諭能詩文與修武夷志

王應乾亦以象山訓導三升至南昌府教授三舉鄉賓均原選舉志注

象志稱其有平寇錄序一篇最詳覈增

周鍶縣令周文祥後也性明敏日記書千言善屬文家貧教授生徒所成就甚多著有蚓鳴集原遺英志注

王應祥質粹行優博學通古著尚書三問有天文易知錄行於世原遺英志注

俞樸弘治間諸生工書法有臨摹黃庭經墨蹟所著有善堂詩稿

原選舉志注

呂詢自號伴雲翁喜讀書吟咏晚築東溪草堂往來嘯傲其間名士多與之遊有石城小徑稿子世舟亦能繼父志又有承孚端重寬洪授楚府紀善吟詩種菊以淵明自比初泰授涇原縣丞長古文詞與王逐東陳木叔諸君友有文集行世斯盛由邑庠生入太學所著有來青樓文集十卷談餘四卷述尚書註應岳博學好修由邑庠補太學生九試棘闈閉戶著書有來青樓稿欲餘集行世原選舉志注

陳大昌嘉靖二十四年仕至銅仁府推官博綜羣籍嘉靖間與修兩浙通志尤精河洛太極圖等書所著有熒明集指掌圖說原選

舉志注

陳學術號湘川幼而奇穎爲諸生屢試輒冠軍督學蔡獻臣更名學說蓋以傅說功業奇之乃父孝廉九級歷任三十餘載官貲悉與其弟孝友出於天性而敝廬攻苦琴書自樂澹如也書法詩賦並孅雲間陳繼儒深爲契洽投贈詞章謂其溌濯氛垢高亢卓越所著有天姥吟諸咏行世原隱逸傳又有昌鼎者弱冠蜚聲藝籍淹通博古端方範俗雅好林泉終老不求聞達時人高其品節原選舉志注心銘字新卿拔貢生文才出衆膽畧過人惜遭時多故有志而無成由評本增

徐有聲字乃大號黃冠子明庠生東山人才學絕倫詩詞歌賦揮

翰成章親朋贈答俱付謳吟著有儒山堂文集稿已佚儒山詩集藏於家呂爚陳捷兩名宿爲之序仍系以明者亦從其志焉

增

清

潘祖詒字孫繩號損齋儒嶴人康熙戊子鄉榜以在刑部福建清吏使學習書寫南歸雍正元年以孝廉方正徵召至京授湖北鐘祥縣令政聲甚著士民德之贈以匾曰荆楚循良迄今猶在著有自知集歸山草詩兩卷時又有汝瑛者字上珍號渭陽亦儒嶴人甲午舉人留京十餘年曾假席於毓總漕陳太史兩府第一時文名噪甚竟以疾卒於京邸士論惜之

潘希程字思川號伊亭儒學人增廣生乾隆四十九年赴京館毓澧帥第有七十年間雙白髮三千里外一青燈之句膾炙人口聞父訃南旋後掌教瑞安玉尺鹽城表海兩書院著有借枝集甌東藍汁淮南雞肋詩三册經温處觀察樓鑒定後人無力付梓久遂散佚

章鐸乾隆丙午舉人淡於榮利潛心經籍著有圖書講義易解詩說大學條貫論語合參雜說諸帙年不中壽卒書亦多佚鄭待講文虎爲撰蒙軒先生傳以上均由採稿增

楊世植字思萓別號彩烟新昌南鄉人幼穎悟十四補博士弟子員與兄世模稱競爽乾隆戊子貢於鄉歷甲午丁酉己亥屢薦

屢罷庚子高宗車駕南巡兩浙博學士俱獻賦行在上命彭學使先期試以三生石賦拔置第二是時首選者東陽葉蓁浦陽戴東瞻象山倪象占識者稱葉楊戴倪浙江四傑聲名噪甚及與試不錄僅賞文綺等件癸卯中副車庚戌囊琴入都所歷山川郡邑古蹟名區一一見諸題詠抵京師選充八旗教習値故交茹古香殿撰視學山左招之往按臨定代雁門諸郡覽諸形勝憑弔古人歌詩唱和相得益彰歸不逾年終著有彩煙山人詩鈔及北遊草傳稱其肆力詞華披吟不輟詩學醕正五古極摹昌黎七古宗杜陸所作惟二體獨多僻處遐邑文譽不彰偃蹇沒世殊堪浩嘆（由兩浙輶軒錄本傳增）其後有廷燮者字伯志號曉峯光

緒壬午舉人候補知縣甲午中日之後以勞瘁卒喜談琴理尤以善畫蘭及刻竹印稱由採稿增

余伯仁乾隆戊辰歲貢有文名與天台齊次風苕溪祝芷塘相友善著有野燐遺聞未梓燬於火其家同時有鴻猷者亦嘉慶戊寅歲貢著有籤夢記二卷靑鬣合集黼堂詩稿皆厄於火

潘一水號玉壺儒墨人淸廩生年逾六旬手不息卷著有中庸隙觀二卷其族裴有學庸彙正一部入沃洲文存以上均由採稿增

潘徵字氷壺諸生有看奕堂集僑寓揚州工詩善畫吳中頗有時譽蔡英小傳秋日入都虹橋賦別七律一首有云樓外曉山蒼帶雨隄邊秋水白成烟故人情重頻呼酒游客思深懶放船諸句由兩

浙輶軒錄增

呂司壎字公友歲貢官仁和訓導別號槜翁長於集句矢口即成白髮吟贈答各三十首妙造自然眞茹古涵今彈丸脫手技也由兩浙輶軒續錄許正綬傳增

余鴻翙字時齋嘉慶辛酉舉人官縉雲教諭與子文淦同時司訓縉雲喬梓並齋傳爲佳話訓迪寒畯懃懃不倦多以成名由兩浙輶軒續錄陶濬宣傳增

陳承然字敬可恩貢生著南崖詩十二卷傳稱其貌古神清溫厚而多文質直而好義剡東西多英俊士半出門下嘗入剡中問沃洲所居里雖販夫牧豎無不知者由兩浙輶軒續錄潘希淦傳增

陳榮燮字亮士樹龔次子一兄二弟皆能詩家居分韻聯吟輯一葉舟詩傳誦一時爲文章搖筆輒風發泉湧兔起鶻落格調出入儲中子李石臺間詩學唐人應制而登眺贈答諸什則大似少陵又善畫弱冠應童試即冠軍庚辰捷南宮入詞垣時年僅三十在館日益勉勵自奮爲有用之學休沐與諸庶常晏會擊鉢分箋動壓元白至酒後耳熱披襟縱談天下理亂與所以經綸幹濟之法口陳手抵傾若懸河聽者前席壬午館課以官位箋註例改縣令陞見日天子惜其才不欲粗官用改戶曹既視事才固敏給復廉謹供職部中集議無不洞悉利弊決斷如流大司農郎官以下皆賢之期以大用踰年以痢症卒於京座主

白小山哭之獨哀曰此賈長沙一流未易才也由採稿增

呂璋字莪士道光甲午舉人充國史館謄錄君少受業莫寶齋侍郎爲文有理法兼以行誼相勵壯客京洛肄業太學凡十年多交當代賢士述事紀游詩篇甚富而隨手輒棄多不存稿蓋不欲以詩傳也有贈陳金鑑詩一百二十韻波瀾老成頗似杜律由兩浙輶軒錄陶濬宣傳增

陳暄字葵陽邑廩生廉介自持取與不苟讀書博聞强記精書法工詩賦教授生徒務爲根柢之學著有經義辨待月樓詩草陳之唐傳又有彖字雁初疏放不羈性嗜酒酒後喜論時事或慷慨悲歌泣下羣目爲狂丁時艱遂絶志科舉磊落抑塞之氣盎吐之

於詩咸豐十一年賊陷新昌知君名廹授僞官不屈幾遇害久之得脫匿山中縱酒自放以壽終於家著時愚存草亦由續錄陶傳增

張得僑字素庵邑東拔茅人短視齲齒年二十五始補博士弟子員居恒屛帖括專肆力於史漢及唐宋諸大家比試期廹取時賢得意文讀五六日入場筆意古澀恒與時趨左故試輒躓困場屋者二十年咸豐丁巳學使者丁翰臣紹周錄科拔高等食餼時年已四十有六益潛心古學工詩古文與剡東鄭石頑黃溪余古靑爲林泉密契石頑詩以淸削勝古靑長於應制之作先生幽俊峭逸古趣過出流輩三人才各殊而志趣如一無何古靑石頑相繼卒落落寡偶益自放中年後與俞鴻逵及俞邦

建爲忘年交往來著述自署曰老癡嘗戲作癡顛狂合傳顛謂鴻逵狂爲邦建也其老而風致猶如此顧性坦易無賢不肖咸博愛所與交終身無間言家饒於貲不數十年損折過半比析居不逮昔什一獨處之泰然兼資館穀所入猶時以賙戚里貧乏者辛酉寇變家益落時城市荆棘遠近災黎猶恃爲東道主罄貲酬卹又稱貸而益之使人人得其所明年賊平採訪忠義時若不及竟以疾卒年五十有四著有環翠軒古文二卷詩四卷余古青以鐔亦能文以病酒嘔血死年三十二歲其勘蟫雜著尤爲素庵所嘆服邦建咸豐己未科第二名舉人亦一時翹楚年三十五歲以酒自放卒鴻逵別附其父傳

俞鍾僑字雪溪同治癸酉拔貢讀書目數行下人有叩必饜其心以去學使吳存義徐樹銘皆激賞其才歲科試皆冠軍經古場亦皆高列凡私塾課徒書院造士一經指授無不知名晚年司鐸松陽掌教建德卒隕於嚴人皆憫之

陳謨字福謙竹川其別號也幼善病然肆力於學不屑屑事舉業以求售試則輒連冠其曹偶同治乙丑丁卯兩舉於鄉皆副榜舉人庚午以兩主師齟齬又落爲副元其副使者爲順德李文田名鼎甲也且素負知人鑑至是時以爲歉適有江西視學之命遂招之幕中襄校事歸浙後楊撫昌濬以詁經精舍監院屬先生其明春入官書局校書總裁德清俞曲園同校定海黃元

同慈谿馮一梅先生上下其間辨詁論難幾及二十年所學益大進光緒乙酉科副主師潘衍桐得其卷奇賞之謂說理精碻得康成深處浙學流派尤能條舉詳允爲謝山嗣響特以殿全軍公始舉正榜年已五十矣以磨勘未與試歸卽以冒暑病歿潘旋來督浙學謂先生晚年獲雋尤篤於師弟之誼陳戶侍邦瑞謂前隨其叔任新昌教任時幼卽師事全得力於先生其行誼益可想見所著僅通鑑長編補遺七卷已梓於官書局他則繩頭細書散見於家藏者幾數萬卷無一定本後當以何義門先生讀書記目之論者至謂新之漢學實自先生始弟謳字福基別號藹卿幼與兄同秉庭訓兄弟自相師友後兄既留學會

垣復隨之游入邑庠同歲舉於鄉亦同年獨以己丑大挑得授分水縣教官歷署淳安壽昌等縣及海甯州蹤跡稍差異竹川耑心經史而藹卿則以志爲史餘鄉邦文獻爲後起耑責新邑歷年久遠無一完本尤與世道有關故於歷年勤摰課士外卽手一編寒暑無間親自寫定志稿十六卷一生精力實具於此其更定體例考正訛誤尤爲識者所共賞詳具今志原始論者以二難目之誠無愧已以上均由採稿增

武功

宋

呂定字仲宜宋丞相端之六世孫也應洞識韜畧科辟授閏州監稅轉秀州監鹽爲人英邁豪爽嘗調兵海上口占爲詩聞者莫不壯之其他若出塞扈駕等作皆氣格雄古有岳武穆之風性至孝痛父集早卒事母吳恭人謹於杜潭置別業田百畝奉之以收魔寇功遷從義郎累官殿前都指揮使龍虎上將軍原武功傳詩曰年少談兵膽氣豪折衝千里豈辭勞旌旗影動秋風肅鼓角聲回夜月高紅錦裁鞍新試馬黃金裝鞘舊懸刀臨征自信軍容盛五色團花綉戰袍今并其集與宗人合刻增

梁邦禁字伯問父興治平四年進士仕太常左丞拜駙馬都尉仕

至朔方鎮經署招討使紹興初同岳武穆破金會太行忠義并率兩河豪傑屢敗金兵年七十有餘邦禁爲幼子共著功績原選舉志註評本於武仕下增註

元

董彥光新昌人至正間盜馮輔卿作亂陷新昌彥光集義兵屯境上明日盜擁衆而西遇彥光與弟舜傳子谷彪廷輔挺劍直前衆翼以從擒輔卿斬之俘其黨數千人授武略將軍僉都元帥府事子弟三人俱授官原武功傳及災異志均有此是否卽五季時馮輔卿及此盜又與同名無考語詳大事紀

明

趙可蘭宋丞相鼎之七世孫也國初以武略從太祖於金華奇才

達識參贊於沔令於郢從政於廟廡改陞潮陽衞鎮撫初鼎貶潮陽有懷德祠既燬可蘭至爲修葺之洪武十八年出使甬東（按此十八年仍屬元至正事考詳大事記）以勞瘁卒於官（原武功傳）時俞安定及弟安道皆有義勇同可蘭游俱授萬戶安定擢安遠大將軍（由原武職志增）

俞欽字振恭天資聰穎讀書一目數行俱下爲文豐贍雄逸性和易謙益自持而遇事周慎臨是非利害剛正不阿幼入鄉校或見其器識不凡謂之曰是子當少年貴顯弱冠卽舉於鄉連第進士入翰林試庶吉士改禮部儀制司主事陞郎中辛未春闈災左遷松江府同知慈祥廉慎不尚煩苛及召還行李蕭然改兵部郎中奉勅記功偏頭鴈門關會川貴山都長偕九姓土獠

作亂上命大司馬程公督師按七卿表程國祥以崇禎十年丁丑任戶尚十一年十月入閣原傳並同此外別無程姓任兵尚者當必傳述有誤而以欽參謀既至主帥以下咸謂戎蠻梗化不必耀武遠征惟宜設策羈縻之欽奮袂不可主帥從之遂進兵連拔二十餘寨斬獲六十餘人獲銅鼓兵仗以獻師還陞太常少卿道流多夤緣郊祀得官欽奏請裁革凡建白多允擢禮部侍郎從祭南郊與臨軒策士必先期齋沐會西邊有事改兵部左侍郎兵犯大同欽與二三大臣經畫處分邊境以安將錄其功竟病卒上聞之特命葬祭如禮蔭子一人欽居官三十年歷事三朝始終一節特不能大施其用爲可惜云原德業傳兩浙名賢錄同今由省志列入武功因之

呂光洵字信卿幼有大志以天下爲已任比弱冠嘉靖辛卯舉於

鄉壬辰成進士原選舉志注於本人下列庶吉士明例庶常不任知縣等註與傳不同類如此初任崇安令政教肅清旋丁內艱服闋補令溧陽講學勸農均田清稅善政畢舉御史韓行縣供羹墨色疑之將致吏於法洵取羹啜之立盡韓起謝其臨事豁達類如此入擢御史抗論居守大臣擅增設員以外數千百人罷之又疏請眞儒薛瑄陳獻章等從祀文廟因地震痛陳邊關十大事又言儲本宮僚宜慎點選並要切犯觸忌諱勿顧也巡按蘇松常鎭等府蘇松苦水劇洵爲總釃有法水效職至今刻其法成書俾垂永久奏入世宗嘉賜金綺又奏免旱租六十餘萬斛破海寇大洋中獻徵錄上有用餘皇三字罷覆刷陳牘省費無算再賜金綺進俸二級復命京師與仇鸞爭馬市不可

一日章十三上世宗覽奏輒爲動色遷光祿少卿丁外艱芝產
其廬起補太僕大理二卿徙尹應天諸輸府者例用富民苦別
索洵易以官民建祠祀之其卿大理時適卒以脫巾殺戶侍晉
洵右都御史領餉事卒用馴貼隨改北左侍督修蘆溝橋水患
永息晉奉正一品以舉朝交章協推晉兵部尚書兼右都御史
賜緋玉往撫滇南叛酋馬苴李應朝安國亨李向陽方廷美等
以次削平惟武定鳳繼祖倚川貴爲三窟衆數萬地方千餘里
數率諸蠻攻城郭殺憲臣然孽由沐氏耑兵符爲賊左袒洵表
其由乞符得自調奉勅暫領川貴諸兵道禆師用是賊屢敗走
授首於川拓地千餘里銷甲歸農者十萬戶南中自是悉平沐

氏卿洵折其權洵亦由是致謗府志引張元忭傳略曰先是沐氏席世寵横甚賄結權要脅利撫臣一時大吏皆拱手莫敢誰何所在夷獠爲梗往往倡議招撫陰養寇以自重都御史游居敬稍與抗爲及中御史玉諍極言其跋扈朝議竟寬之於是驕恣日甚光洵至先與按察副使張天復協謀與藩臬諸僚盟勿受其賄其黠奴數輩付天復治以法首疏於朝請復給撫臣兵符緩急得自調土寇如虧遮者索等先後討平之惟武定酋鳳繼祖世爲毒螫以沐氏故縱兵突會城僉事張澤出戰死遠近震動沐氏果挾智議撫光洵決策於天復分檄川貴爲犄角天復與參政盧岐嶷率萬人夜半奪小甸關進攻克之繼祖遁追斬於川境改武定爲流而讒構飇起光洵遂以南工部致仕一時效勞諸大夫相繼罷去其事與麓川之役等一則勞師糜餉且失渠魁刑賞有加此則爲時速拓地廣不惟無賞且有罪滇人寃之作平黔紀以記其事建祠武定祀光洵及天復云云元忭即天復子也由蜀籍徙山陰後授修撰版修紹興府志各學案中有重名故其言較可信稍遷南工部尚書以歸亦由元忭傳增後論定諸大臣言官會衆九疏起用累辭不赴洵入仕四十餘年未嘗不倦倦以講學爲事旨宗王文成日與緒山龍溪荊川諸儒切劘最力以故明宗法置義田睦親族諸關倫教事率純篤如古人

居官方貴顯每辭祿乞休得大臣體所著有詩易箋元史正要皆山堂稿三巡奏議皆可園詩鈔世稱沃洲先生所蒞皆祀名宦原理學傳志稿由府志增節今因省武功志改入越中三不朽傳後事大白勅建報功祠於新昌

孫承麟字允祥幼孤事母孝以蔭補建甯府判善理劇以乃祖所垂淸愼勤三字爲典則當道廉其能所屬七邑委視篆凡五所至輒有聲崇安乃司馬舊隸父老覩新政咸嘖嘖曰眞淸白吏子孫秩滿陞廣東高州府同知殫力禦防邊瀠晏如母老告養歸建祠祀司馬并新其坊時稱順孫原政續志

呂光午號四峯爲人倜儻不羈有膂力善詩文工眞草兼蘇黃筆法更善畫喜談兵諳韜略與徐文長楊秘圖諸名公遊嘉靖倭

亂督撫胡梅林養僧兵於杭州之禪寺午與少年入寺僧兵詎之公怒擊五百人皆流血被面文長詩曰幕府廳前脚打人夜報不周崩一壁是也又倭攻桐鄉急午踰城擊倭解其圍文長詩云當時桐鄉之圍無呂君郤是睢陽少南八是也又督學阮公鶚困桐鄉戒庵漫筆嘉靖三十六年時適徐海寇桐鄉都御史阮鶚不知討鄞陳可願及夏正說海而解其圍當卽是事惟此稱督學未合明史胡宗憲附傳言其自桐鄉被圍卽懼甚賂以羅綺金花庫銀鉅萬又巨艦六艘俾載以去兩浙防護錄稱官浙江提學劉使時倭薄杭城難民不得入手劍開門納之全活甚衆超擢右副都御史撫浙設伏擒斬殆盡武林門外有祠曰忠定一人一事且同一時傳者則互異附識於此午單騎破圍殺倭數百救出阮公欲官之不可遂贈米五百石使入太學盡散所知窮乏者仍空槖而歸其擊倭時每卽倭酋之腰奪其寶刀文長詩云殺倭之首取腰下贈我寶刀人一口是也萬歷

初年關白犯朝鮮下詔聘天下諳將略者七人午居第二辭不赴召張江陵誅何心隱嘉隆間大俠尸於朝天門衞以羽林數千月下有二人負其尸以去午仗劍殿其後人莫敢仰視張大復筆談載其事由原武功傳增節

俞相廷字中岳號石谿生而穎異八九歲能成詩文大學士潘晟見而奇之年二十登萬歷乙酉鄉薦殫心古學兩中乙榜皆以淵博見遺新邑自築城後科第晨星相廷特議開青陽門以迎巽水復建鐘樓築西阜以障水口日夕經營不辭勞瘁嗣後人文鵲起皆其力也筮仕蜀南江令當奢酋搆逆民疲已極於是勸農課士緩徵收弭盜賊出疑獄未期而頌聲大作會奢逆

豕突遵義朱部憲提兵進勦廷爲轉餉弗絶握手慰勞有牛鼎烹鷄之喻寇退遂首薦時流賊入蜀所過焚掠逼邑城廷集紳民登陴固守賊圍攻一日去閱月賊倍衆來仍堅守如前賊下營欲爲久困計人心惴惴乃令勇敢士乘夜縋城而下持白牌上書北道發大兵且至投之賊處次早賊遁乃謂衆曰此暫時設計耳賊復來孤城將何恃乎輒捐俸及服飾募驍勇數十人爲衝鋒選胥隸之壯者百餘人集鄉兵爲後勁以尉領兵復令子之甫監督以行設伏於外探賊自通江來卽上山以待俟大隊過滚石自高而下聲同雷震傷渠魁三人會巴州援兵至軍聲大振邑賴以全三院交章薦剡者九選南臺便道歸里卒聞

者惜之原政績傳按同時鄒維璉字德輝萬歷丁未進士由推官至郎中劾魏忠賢著直聲崇禎初復起撫福建亦以破海寇劉香見稱於時原省志因續獻徵錄誤收入新昌以其屬江西產非本邑地故不錄附識於此

清

胡雙麒字麟趾又字開日邑之梅溪人也公生於崇禎丁丑不數年明亡公年方長狀貌雄偉膂力絶人手執短刀日行三百里一時無與敵者然家貧無行好酒使氣一旦下獄饑餓數日不死有大鼠銜餅與食獄卒曰爾必大貴遂與偕逃語詳大事記一名雙奇公益自負康熙十三年福建耿精忠反横布僞劄公不能察與龔萬里等倚勢攻刼聚衆大嵐山稱都督又稱總兵十四年爲千總湯文乙所破不得已入海遁去十五年耿精忠降而公於是

亦歸順矣是時新嵊之間山寇未靖苦無寧日公乃仗劍而起諸豪傑從之小盜聞風各爲解散剿西多劇賊公悉擒之無一脱遺者於是新嵊得安甯事聞授廣東潮州府遊擊轉貴州安順府陞紹武將軍公弟八麒字載趾又字開隆與公同事以功授廣東潮州府守備兼管潮鎮總領軍務事公後隸本省甯波提督馬三奇麾下與統領全浙軍務事海盜肅清公與有力焉康熙三十五年丙子卒於官享年六十歲馬親奠遣兵護柩還葬於梅溪蜜蜂形之原鄞人吏侍仇兆鰲爲之傳

兪成字成之號渭濱康熙初應募江南以次升授上元督糧守備遇賊刼糧卽航海奪之陞都司檢書康熙十四年平亂有功詔

封懷遠將軍少年擅勇力好自尊大嘗得罪縣役執之初匿道士盤巖洞中一日一夜有鼠啣饅首食之得不饑心甚異之又逃至吳中丞廟內天大雨雷電交下忽聞瓦上聲隆隆墮二物起視之乃布巾一條銅銃一管也將軍披其巾提其銃曰此天賜寶也遂拜而受之於是出外投軍凡臨陣時頭戴布巾手執銅銃擊人無不中而死者即人以銃擊之其巾在首彈不得入由行伍而千總而都司而將軍雖勇力所致其藉此二物爲多幾如宋狄武襄銅面具年老乞歸渡錢塘江風浪大作舟幾覆將軍曰豈天欲收吾寶物耶取巾銃投水中浪忽平乃濟以上二人均由採稿增

義行

宋

石賀太平興國中知縣張公良立縣治建邑庠百姓騷動賀爲出財代其費百姓德之及公良卒不能反喪賀又獻地葬之今北門外曰官阡是也原義行傳由省府志增節

石輝祖字光遠性惇慤事親孝佐兄明遠治家政尺帛斗粟不入私室有司科徭身獨任之雖櫛風沐雨未嘗厭苦曰無以煩吾兄也癸巳歲大歉出羨餘粟以賙鄉里遭世多故不復慕仕進發爲聲詩意味冲澹宋景濂爲銘墓原隱逸傳

楊諿字仲安紹興時經界三壤越未定則率先力辯賦賴以均賑

濟不惜金錢紹興辛巳盡輸家財以佐軍需授朝奉郎原選舉志註

陳祖字惠卿生紹定間居仙桂鄉之平壺爲人器度弘遠少喪父兄善治生業母疾嘗藥具膳孝敬不衰敦睦宗黨力行善事一日慨念人生服食外役役不休以財自沒吾所不取乃剏立桂山西塾齋堂廚廡給使咸具焉歲費錢以萬計弗少吝作人極盛文科武選往往不絶同舍題名石碑至今可考其他義舉甚多不能盡錄從孫雷字震亨繼立桂山東塾有脫衣亭客至先盤桓於此張卽之爲館賓榜曰洞門無鎖鑰有客不妨來由是四方來學者日衆門墻冠蓋相望而來賓禮優給之亦如西塾故事云又嘗置義田義役義倉義井義阡義局以賙卹鄉黨人

甚德之以恩補登仕郎凡三辟皆不就原義行今合傳　卒後里生俞億等七十六人爲文弔之其大畧言自義塾興遠近之士蒙被教育皆掇巍科躋顯仕推所講明爲致澤事其在新昌士勵節操鄉耻浮薄皆義塾所倡率作成也吳江莫且曰陳氏爲義若此宜其子孫世享無窮之蔭今三百餘年索然衰歇所爲義塾義門皆鞠爲茂草過者爲之徘徊而興嘆君子亦惟盡所當爲而已由成化志增

明

翁玭字彦光領鄉薦授常熟訓導設教有方多所成就陞淇縣教諭性尤篤於睦族弟侄貧乏者咸爲畢婚娶人多賢之原義行傳

劉文輝正統六年舉人仕伊府紀善重義踈財居家開義塾教育士類（原選舉志註）

陳子瑚號石城生而穎悟髫齡廪餼有聲制行端慤篤孝友兼慷慨好施值歲祲作糜食饑人不克舉喪者捐貲以殯邑開青陽門迎巽水庀石鳩工瑚之力居多以姜宗伯薦授中翰不就有子十二人多著文名（原隱逸傳）

呂存茂爲人謹厚其姊早寡無依迎養於家五十年令諸姊姒無粉澤以安姊心歿附親塋（原耆德註）又有謙字廷遜號耒齋敦孝友樂施予行重於鄉評（原隱逸傳）又有驄以兄獻仕獨居養親訪求先人遺墨不吝金帛購之呂氏文獻賴以存焉尤善詩歌草書郡

邑待以賓禮其子芹亦高尚爲時所重原著德註

呂仲易博聞强記慷慨豁達處公事如已事人皆服其德量後以子繼棟貴贈文林郎原封贈志注

俞黯字用直好讀書負氣節念父哭祖喪明終養不求仕顯友愛諸弟尤善事伯兄隣失火黯惟負父及祖先神主以避風反火滅謁止水祠赤城夏氏遺金五十餘兩拾而還之遂成通家明朝更化黯先禮義鄉邑化之建義塾台越英俊多所造就結憩雲莊於獅山積圖書詩賦以自適本郡别駕黄壁名士朱純輩有詩志其六景搆晚翠莊於柏峯儲粟千餘時濟貧乏正統辛酉大饑餓殍盈衢黯傾廩賑活數千人比咸留券卽焚曰毋令

子孫知其名也時稱惠廸翁代巡周汝員督學陳儒旌建德門高誼坊祀鄉賢著獅山適意稿藏於家廉憲呂昌撰序

俞時舉號仰峯節愍志虞之父也性孝友博學慷慨補弟子員得異夢誕志虞曰此子必享大名其大父都諫朝妥嘗作小樓藏書千卷曰吾聞聚書者後必興因題曰聚興樓時舉於是恍然曰興在斯乎遂課子於樓中講究經史遇忠孝事尤擊節開導之昔都諫請築東堤衛民上命司李陳讓督造陳精堪輿爲都諫卜兆於西郊之三溪曰此地正穴須留數尺否則三溪村恐不利後都諫遺命別厝遂以此地葬其父諸子俱議主正穴時舉獨不可謂利一家傷一村於心何忍遂遠數尺至今村民烟

火不絕皆其隱德也以子貴贈推官

陳聖訓字汝賢性孝友尙信義雅好讀書善解古人疑難之辭尤慷慨好施一邑推服嘗夜靜偶至縣前拾遺銀一封惻然曰此必急於輸粮者即疾呼失主還之人謂俟明日不爲晚訓曰吾可緩如彼情急何其好義如此生平不治生業惟兢兢以葺宗祠置宗田俾子孫得隆將享爲事陳姓由剡徙新至訓凡九世自嵊以上祖墓無不曲加經理兩邑子姓至今誦爲義孫云（以上均原義行傳）

呂光明字明賓號柏泉孝友好施予以禮讓範俗不吝所貲賙濟貧乏之年九十以壽終縣令羅給扁額曰善蓋一鄉以表其閭給

官幘以榮之子孫皆世其德焉（原耆德註）

呂世喬好義樂施嘗捐田六十畝贍族賙貧助葬娶又善詩文持身端重與妻劉氏齊眉宗族敬仰以文學世其家（原耆德註）先有廷簡者弘治八年舉人仕至淮王府長史非公事未嘗至縣庭以故邑令每推重焉（原選舉志註）

張甯仲長潭人修德樹義又樂施與臨終焚劵慮後深遠鄉人咸以義士稱之（原耆德稱由舊志註）又有琦者永樂十四年任同安知縣廉介自持遇事果決鄉人敬重每事就正焉（原選舉志註）

俞準正德十年幼讀山房寇至從容陳示書史賊不敢犯比長有美婦夜挑之不動嘗捐田以資貧弟云（原歲貢註）

呂雲江嘉靖三十年貢生性長厚尚禮讓富於貲而能賙恤貧乏之人咸德之原歲貢註

吳璞銅坑人性稟公平喜施與或告以貧乏必量事賙之弘治癸亥歲饑邑令姚隆勸富民出粟賑濟期於秋成抵償令璞納穀五百石曰父母憂民如此某安敢望償令喜之薦與鄉賓固辭不就原耆德志註

何鎮甯號台陽性直行端居家篤盡孝友博覽羣書不以淹雅自矜與兄鎮安弟鎮宣三人皆上壽同居未嘗析產著家訓課子孫以尚行力學有陳荀家風原遺英註

何荃天性朴蹇自幼至老不入縣門年十八喪偶家頗殷富以有

子不繼室鄉黨稱爲義夫邑令屢延鄉飲避不就年九十八而終其從弟鏰亦朴寔守分云原耆德志注

俞盛官至性孝恭不吝施與鄉黨以善信稱邑侯胡府佐周屢舉賓飲旌扁其門按院王廉獎之曰善蓋一鄉賢追三代原耆德註又有殷庚性稟和厚人雖犯亦不與校退讓能容物樂善不倦施與不吝縣令兩次給扁以旌其門扁曰旌善年八十有六均原耆德註

舜四圖人博覽經史不慕功名待族黨有恩義御史王潢檄錄其行於旌善亭由志稿增

章景昭名陳醴泉人性方嚴不妄交與事繼母能致孝敬父分產以妻貲足給讓弗取嘗賙貧乏之助婚喪歲凶出粟賑飢縣立匾

旌之又南洲人丁釴行誼端慤出餘貲均族助葬贍學邑鄉賓之賜匾耆祥給冠帶年九十六前山根人陳大震性敦厚居家教子孫務循禮法鄉族稱之三涇人劉炳有朱母嶺極險峻炳砌路建庵捐田爲給獎費嘗賑饑瘞枯骨創古松橋鄉人義之均原著德註

陳五典字松巖言行端慤雅好施濟督修學宮兩舉鄉賓郡公蕭震題叙冠帶給匾旌之又呂瑞道甘貧自守不營私利事親盡孝鄉黨推重亦兩舉鄉賓天啟年間督修聖殿有功縣學交旌邑侯應楨有匾曰齒德兼隆原著德註

張堙字汝治洪武庚辰朝命轉漕山東以父爲丁夫總領父命長

子服其役堙曰兄事親孝力不任勞恐誤公事今若遠離將使內外失甯父母繫念尤切我當代往許之時有同舟染疫甚危衆畏傳染欲擠於水堙力爲解免且多方調護得以無恙後役滿而歸遘暴疾卒於杭人咸痛悼之時有其族應耆字子壽以還市人遺金世璋字治彰以代兄繫獄皆足稱於世又有同姓溽者字藴常家最饒好周貧乏時京師大祲不辭捆載間關運米三百石賑饑當道請於朝給以七品榮身賜額皇都甘雨時有張居忠張居獻皆以救助饑荒並授七品冠帶以上二則均由採稿補遺

清

張翾冲字雄飛篤於友誼邑中有倡義者以糧餉不充或刼富室

以取給族有名瀚與翾冲爲戚籍交一日被擄至天台大同山聞報冒險以往途中瀕危者數四三夜始達其營守卒礪刃以待翾冲曰吾與爾帥有舊特來相訪因引見某以別久不復識有頃乃悟降堦謝曰故人遠來將欲共扶大義耶翾冲正色曰若輩掠人錢帛火人屋廬止相聚爲盜耳何義之爲因諭以禍福不答告之故以他營辭且曰若友吾讎也以瀚父曾與構訟故云甯可以死某感其義遂放還於時倡義者必俞威遠卽此可見其態度由志稿增

呂克勤邑諸生捐田三十畝入學宮爲文武生科舉路費志稿由府志增

王璣邑庠生至性惇篤親柩在堂居民失火延燎璣扶柩號慟拜

禱即反風滅火鄰屋皆燬惟璣屋無恙嘗道拾遺金遣其人還之鄰族中有貧不能殮者畀以棺一日遇鬻妻者出粟周給俾得完聚歲饑助賑凡善事無不勉力爲之有王某年老無子疾篤盡出篋中金囑以後事人無知者而璣經紀其喪徐爲立嗣畀之無一毫私由省府志增節

張曾睿字正心邑庠生性慷慨好施離城十里許有水名三溪其地爲甯紹孔道每當山水暴漲洪流奔注橋梁屢圮行人苦之正心乃剏立義渡捐己田十三畝以爲永遠周濟之資并於村左設義渡庵一所使主持者司其事其孳季行曾勇字南園太學生督學竇光鼐亦稱其居家孝友素行端方獎勵有加云

呂湅號君載藕岸人清乾隆間太學生家素豐好善樂施不罄其貲不止義聲載路年七十餘甚康健忽一日整衣冠遍謁親友告別無疾而逝弟通號潮載乾隆間附貢生善詩與兄湅有同志湅屢以施予罄貲輒取給於通畧無吝意道光時歲頻旱賑救災黎千金不惜藩司程獎以爲善最樂匾額庋置空室不欲以是名也嫂早亡撫姪女如已出後字剡東魏姓卽以進士仕鎭澤縣魏敦廉之母也同邑俞汝本欲遊學杭州以詩來寄有無計慰饑寒之句卽遣人貲送之并時恤其家後竟成名會稽茹古香每契重其孝友顔其所築之室曰亦政堂

周彝字銘德彩烟山人幼穎悟長遊四方所交多名公學日益進

於朱子四書最爲精熟邑有覈田失實之弊歲抑小民租二百石爲害滋久公以其弊白於邑令擇公正之士十有八人爲之輔不辭勞怨且詢且度如是者數月田得其實租有所歸而害遂除已嘗爲教諭於嵊不久棄去暨宰萍鄉聲譽翕然時有富民匿已兵籍厚賂郡守誣抑小民以代已公不平走郡白之守不從上章劾守小民乃得釋而守以褫職忌者中以他事公不之辨解官而歸年九十一卒於家鄉人私謚曰恭惠由採稿節按此與明傳姓名同然一有官一無官未知孰是

唐梅濱富家子也鄰有吳某者素驕橫不法佃人田多負租梅濱性寬厚故累年之租尤多負焉一日往索吳不交且出惡言倉

卒時竟擠梅濱於水中子弟聞而趨救梅濱方出立岸上衣履盡濕嘵嘵於梅濱之旁者吳某也羣怒欲毆之梅濱反曰我自墮水中耳彼乃救我胡擠之有乃止其夕吳某即暴死梅濱又厚助之其篤厚類如此由沃洲小記節

竺明蘭幼失怙七歲分居克勤克儉其後家少裕而性好施里居有貧乏者輒周恤之道光年間歲屢饑嗷鴻徧地明蘭自携米分救里中之無食者歲終常晨起登樓眺望炊烟不起即遣人畀米其家鄉之人至今尚稱道之

竺子林業農不習書算乾隆間常經商武陵行家多與金百餘兩子林歸倩人持籌乃知其誤具裝送多金歸趙行家置酒向同

席言其故共敬異之謂之忠厚客人

呂鼎元嘉慶朝由邑庠捐職衞千總誠篤孝友慷慨好施將得分山讓伯父墓葬建太平橋并郵亭茶房捐貲平糶并建中鎮廟均立有碑側室陶金二氏俱青年守節奉旨旌表金氏又修建崇聖祠尊經閣明倫堂及大小宗祠學憲吳賞給懷清樂善扁額今公派下迭次捐金重修石橋郵亭其先明庠生和銘及綢亦以建三溪橋碑塔聞

陳鳳佐字鷟庭幼失怙恃性嚴正幼卽如成人弱冠游庠一無浮艷語卽獨處如見大賓瞻視肅如也少嘗偕友朋觀劇於廟社歸卽痛絶之曰安有以男易女裝而無恥之尤至有不可思議

者羣而觀之吾爲風俗懼且愧焉自是生平未一入劇塲其語人如此家教更可知晚年益終日危坐道貌盎然鄰居不聞其聲子譔謳皆登賢書列入文苑傳

梁鑑號鏡吾南鄉彩烟樟花村人邑諸生餼於庠歲科試列優等者八鄉闈七薦而不售備中而擯者一循例貢成均工於制舉文與同時名士俞秋農陳榮臺輩友善持家以儉踐履有式對童孺必以禮貌雖素不合者未嘗不重其行引以訓子弟享年七十九卒子晉棻號樵伯邑諸生以公事毀其家夷然不屑亦以善醫有陰德稱故其孫連翩高捷鄉舉羣以爲積善之報云

唐賡颺字廣潮號月江父起瑋生君昆季三人君序長性倜儻喜

交遊勇力邁人幼失怙稍長一意讀書咸豐己未游於庠辛酉冬粤匪擾新昌一隊出甬江勢炎甚盛時嵊邑廩生魏邦翰挈眷避難生田陳炳三家亦自負不凡君與爲莫逆交日夜商所以退賊之策四月賊再出甬江經沙溪村君率鄉團防守嶺上賊乃麕至與之戰死一人傷三人賊追入村未大掠即遁去後賊據城中久各鄉約同時會剿屆期君輒率數人先往挺戈與戰賊鋒少挫未幾亦遁去賊平賞給翰林院待詔銜後魏邦翰以舉人謄錄議叙知縣初署福建長泰函致邀君往君以老母辭調古田君以母服闋遂就焉居幕中二載歸復以貲報捐巡政廳素精地理爲人卜吉地又知醫鄉里得療治以愈者指不

勝屈晚年又嗜讀書未卒前謂當至某日某時卒果如期而逝

周象春管家嶺人同治閏八月寇既敗竄至各鄉刼掠迭破村砦僉判嶺及同坑嶺既失團練被害無數民多入保王官人山命子尙湯率百餘人守於山麓見匪勢浩大不能守卽登山呼避山北臨溪壯者悉涉婦女長幼不得濟哀聲振地尙湯傾囊雇渡渡畢匪至賴以脫難者八百餘人

潘珍聖丁家園人性好施與康熙六十年歲歉出資賑饑邑令陳獎送一鄉善士匾額旌爲郡賓後二百年其鄉有呂登第號玉堂藕岸人太學生慷慨好施光緒十八年歲大旱倡捐賑災知縣濮獎以共勸義舉匾額

余潮黃澤人親植農桑不十年稱巨族尤善行施濟鄉里倚之爲緩急買義山於里側遠近遺骸暴露悉聽塟埋鎮有武廟圮於水君移像於家出資再建不足募捐以補即今北區高等小學校校址

胡藹然字瑞庭威平人孝養寡母友愛幼弟三十喪偶年至八十餘終身未嘗二色道光癸未水災捐資平糶各憲給匾奬嘉同時同姓有龍章亦孝敬著名檢骸埋胔助地爲義塚捐租養濟院以濟孤貧多蓄水器以救火災蒙大憲給鄉飲介賓匾額同治採訪原稿增

呂周緒字夢廉幼聰穎師勗以遠到公曰遠從何處起師奇之弱

冠補弟子員性孝友事親定省無少懈飲食所進親未先嘗不敢近與兄析產推讓其美者兄一幼子撫養之如己出及冠爲之婚娶給器用幾忘其所自來於始祖祠左築室五楹曰追孝又構餘屋四楹入其租爲修葺費於四世祖祠奉明孝子升父百歲翁者欲擴之與鄰祠族衆協議連建樓六楹割其半以歸鄰祠事遂濟學宮左近有名宦鄉賢忠孝節孝四祠歲久傾圮公重新之凡所在古蹟靡不倡義興復若祇園閣若五馬亭亦其一事武廟重新則更於祀典有關焉子保孫喬柯曾孫茹蕃均以好義聞婦陳氏入列女傳

張景昌號韻蘭生父蘭畦其兄伯符無子以公謹愿子之弱冠游

庠無少年紈袴氣邑有要公必推公先公亦毅然身任不敢辭邑治自粤匪竄擾無衙署二十餘載弗克舉邑令王公來蒞任萃邑之紳富而諮之公於是獨建大堂爲一邑倡四鄉麕集期年而成戊戌歲歉米價翔貴飢民嗷嗷勢將不測官紳議賑濟苦無資獨倡助千金平糶邑以安堵先是郡中入庠者惟諸嵊兩邑各有册田以惠寒畯邑中擬師其制集成於殷富勸公捐田十三畝以倡始公慨諾無難色其餘若學堂若嬰堂若嵊新水利若創修宗祠所解槖金盈千累百不可僕數邑前後令咸製匾以贈謂爲有功桑梓非虛語也居平綜理微密從不假手他人或勸之援例登仕籍公皆笑不答蓋其素志有在也雅好

鑒別名人書畫力所能購不靳值故家藏名畫甚多晚益冲澹閒蒔花木以養天和年七十一以壽終晚由側室甘氏生一子祖畸世以爲善人有後之徵以上均由採稿增

方技

元

王公顯字達卿性聰敏方元盛時人習科舉業其父乃使之學醫人皆怪之一日私語之曰元不久將有干戈之難汝勿求仕業醫可矣由是公顯遂精於醫未幾兵起父言果驗邑中時有疫病公顯與其子宗興沿門診療活者甚衆孫性同得家傳秘術洪武中舉醫學訓科所居有全生堂萬歷志

明

楊宗敏採稿作宗明 彩烟人永樂靖難時有異僧叩門其父館轂之僧見宗敏聰慧傳以堪輿之術登山隔十里許卽知結穴坐向及

倒杖毫釐不爽決吉凶消長若影響然今邑中諸大家墳墓發福綿遠者皆其所扦穴也至今稱爲楊地仙萬歷志徐守忠字文嘉號從楊意卽在宗敏亦精堪輿術自稱鰲峰隱士世傳宗敏爲人扦墳先埋金錢命復穴之徐以鐵針指示果穿金錢其術亦如之或曰僧卽陳友諒迄今尚名呆頭陀其墓在烟山中與鄞志所稱目講師同未知卽此否由採稿增

俞用古評本畧曰名訓以字行父明字本顯爲宋元舊家洪武初彩烟處士葉德謙器其才因贅於家購雙檜軒題曰患難知交態炎涼見素心甫壯卽卒訓側室李氏出爲葉氏所撫及長慨然曰吾父爲庸醫所殺吾不得於父者當得以事母於是若軒岐諸書盡讀之章良民甄完等皆與之善爲書存恒堂記彩烟人以神醫名有一人病篤呻吟臥內一人無病見用古至避入臥內亦作病狀用古俱診之曰呻吟者有生意可療治初病

者膀胱氣絶必死矣主人大笑之而其人果以忍便急一解淫泄而卒而病篤者果愈又王氏數口忽患喑啞醫莫治用古見雉肉盈廚曰吾得之矣蓋雉是時多啄半夏其毒在肉取薑汁飲之立愈一女子久伸兩手直不能下用古曰須灸丹田因灼艾遽前似欲解其褌狀女懼兩手擘而下其醫不襲古方而神妙類此與楊恭惠同鄉且同時人有彩烟三絶之稱蓋指二楊及俞也由評本志稿增節

清

章國舜字伯元號秀南隆慶改元貢入太學選得閩之政和令書法喜顏蘇工漢隸獨不好爲草書由乾隆府志馮伯謳盧丹草增

潘西鳳字桐岡人呼爲老桐精刻竹濮陽仲謙以後一人與鄭板橋燮友善嘗贈潘以詩云年年爲恨詩書累處處逢人勸讀書試學潘郎精刻竹胸無萬卷待何如又贈曰吾曹筆陣凌雲烟掃空氛翳鋪青天一行兩行書數字南箕北斗排星躔有時滴墨嬌且妍曉花浮露春風鮮畫眉女郎年十四欲折不折心相憐斬龍殺虎提龍泉定情溫細桃花牋蕭蕭落落自千古先生信是人中仙長不備錄其善書可知由劉氏家藏鄭板橋集增

徐伯清東區上徐人世傳新城潘某有一美妾爲妖所魅無人能治之有客來罵妖者妖必怒輒擲以物近而不傷或以溫語慰之則妖乃喜卽聞呵呵笑聲羽流數輩坐均無如之何不得已

使人至江西龍虎山求治主者曰新昌有徐在奈何求於我嘗有牒來可使治之如其言果愈世乃知伯清爲道士其孫高一功行不及祖而其符籙之靈爲乃祖所不及則由齊福庵一老僧所授甯邑富家子亦惑於妖無治之者而高一適至大言曰我能治其流輩方設法羣起請驗其術皆自以爲勿如妖亦從此滅高一少子小篤以術世其家較其祖父則遠甚

鄭公亨本徽州人善地理雍正時僑居上徐久往來唐家平與陳雲谷最善一日雲谷以大麥五斗製酒酒已熟可飲隨燒隨飲燒畢而飲亦畢公亨出懷中劵相贈曰今日飲君五斗麥酒矣念昨日以五斗穀買一蟹卽在君村前請以此相酬何如雲谷

曰善乃笑而受之後擇日造墓命數人負磚往曰放之可又命數人負耒往曰掘之可不數尺間而古塚在焉公享曰此間善去古塚何如雲谷曰古人已葬吾不忍易甯卜他所公享乃大言曰善公眞得地者地實在此吾前所教者皆非也公享在徽州生子二在嘉興生子二於新邑又生二子卽就上徐而家焉及七旬後仍老於徽州以上二人均由沃洲小紀節

丁成贊劉門塢人家有貲產以姓孤丁單村人有硬借索勒者以辱之適軍犯吳倫往來台紹各縣賣拳糊口過其家丁從學焉倫貌魁梧膂力過人精於拳術當時以楊無敵稱之丁生長富家少嘗學問故雖精拳術而不露稜兀之氣有三子皆不肯教

以拳術今所知者惟粗十八法然其步法手法身法高縱遠跳若即若離與今所見之拳逈異亦鮮有能學步者聞丁年臻八旬坐在欖上雖極强健者八人前挽後推兀立不動倫他弟子皆不及又曹三老欽村人嘗學拳術於少林寺一日過眩其技爲幼婦所踢一足竟蹴然其腿力蹴足反勝謂有八百觔云

周必顯者龍潭坑人道光間附生工畫事離黃澤五里許兩岸削壁中有一潭潭口有廟相傳有龍居此作一觀瀑圖並題絕句云一崿流水一崿山九十九崿何處環今已化龍破浪去白雲長護水潺潺亦清逸有致以上均由採稿增

何愛棠字國香又字椿偕號藹亭別號蘭坡遠祖十德公鑑明史

有傳祖爲鄉飲公父壽亭以釣鰲賦見賞於朱學使升上舍愛棠穎悟過人沈潛易理究皇極經世書因自號師邵氏嘗得太原泌州蓍草爲明某顯宦所藏者探索數日夜忽得其法因之卜筮多奇中一日外出回館問學徒今日人饋鷄卵當四十九枚半驗之其一果已破碎又嘗筮易不過三人而某童母以其子小試情急强之添一卦曰已第七何問爲報者至果如其言呂氏所作家傳詞甚多不備錄咸豐十一年十月賊陷城人皆逃避呼之愛棠獨笑而不答閉門坐賊縛去有勸其降者曰勢已如此何自苦爲愛棠罵不絕口賊怒殺之由志稿浙江忠義錄及採稿增女彩蓮亦以孝烈著

王志春龍亭山人幼學拳術饒有勇力洪楊入境時年四十餘有賊酋手持雙刃入山搜俘里人素恃王義勇從者數十人相依

爲命路遇賊酋王乘賊未伍奮臂往鬬自晨至夕越崗逾嶺數十合窮賊酋於山澗中擲巨石以中其首奪刃斃之從者賴以安全光緒三十四年卒享年九十有一由採訪稿增

新昌縣志卷十二

新昌縣志卷十三

列女

宋

石氏原志作劉元城母與其父亞之年齒相若安得爲甥攷詳寓賢傳按宋史劉忠宣傳其母幷云汝父平生欲爲諫官而弗得云云同時鄒忠浩母亦因此立訓史明著其姓爲張氏此則各載籍互相證引明呂氏閨範於一傳巔末詳羅古事最爲精塙獨未指出其氏或新邑中亦有子爲諫官其母同此訓者其子除諫官以母老辭母曰天子諫臣當捐身報國汝但好爲之若得罪流竄無問遠近當從汝往後果南遷母欲與俱其子百端懇免竟不聽遂奉以行徧歷惡地母子終無恙萬歷志列賢母

王氏張行先妻也夫喪有欲奪其志者王氏矢志靡他撫遺孤

教育成人終始如一咸淳中以子貴封太孺人萬歷志

石氏呂瓊妻瓊逃元難溺死錢塘石適歸寧夢夫告之故且云側室吳孕彌月今育男六指盍歸視之石氏寤而駭愕徒步歸且生男矣果六指既喜且泣已得夫凶問石與吳偕守志撫遺孤師賢以成立焉見兩浙名賢錄府志同 以上節

石氏名不奴衞尉寺丞石待用元孫女其曾祖牧之慶歷二年進士福清縣開國男祖景寯晉陵尉父公巖生一女不奴一子明哲居縣之東園宣和三年賊方臘黨寇縣舉家被殺獨留子女欲携之去女知不能脫遂紿賊曰容施粉澤相從賊然之不拘防旋身取剃刃自刎而死明哲得逸年未成童出

家爲僧虔心經懺報答其父母與姊焉時人有詩詠傷之評本由兩浙名賢錄增節

俞氏邑碑作吳氏黃元桂妻德祐二年歸寧父母值元兵南下過縣母家被火家人驚潰軍卒擁俞氏出知不免躍入火死原志稱至元二年繫於元後評本言元有兩至元邑中皆有亂事不如系宋末較明今與下一傳各從之

章孝行者張咸妻也德祐二年兵亂從姑逃避產芝山中爲元過軍所掠守志不從遂遇害姑在叢棘中抱其屍慟哭而絕評本由兩浙名賢錄增節志稿稱至元二年

元

二徐氏天台人一歸新昌狄某夫蚤亡矢志不他適至正庚子

兵亂逃避牛囤山被執驅迫以前過其家給之曰吾渴甚容汲井而飲賊然之令其口汲遂投井而死年十八時又有同籍同氏者爲崔桓妻其節烈亦相同原志因疑重出不載志稿本府志兩存之今合爲一傳

謝氏張彌遠妻也值世方亂嘗謂家人曰吾不幸處亂世設遇變有死而已毋辱其身或謂之曰恐不踐言謝作色怒而不答至正庚子三月果爲賊所擄迫脅備至不屈而死蓋其素志然也原本府志

周氏名元平父如砥爲新昌典史元至正庚子避亂客僧嶺爲兵所擄謂曰我未娶當以子爲妻元平罵曰我周典史女也死卽死耳肯受辱耶遂遇害事載元史明一統志原府志不知何許人兩浙

名賢錄爲越州鄉民作亂如砥與女避於新昌西客僧嶺餘並同淸一統志亦作新昌典史女志稿並列之

明

丁夫人廣西僉事唐方詳選舉志妻名錦奴史作琴洪武中方爲山東僉事坐法死胡惟庸所害妻子當沒爲官婢有司按籍取之監護者見丁色美借梳掠髮丁以梳擲地其人取掠之持還丁丁罵不受謂家人曰此輩無禮必辱我非死無以全節肩輿過陰澤崖峭水深躍出赴水衣厚不能沉從容以手斂裙隨流而沒年二十八時稱其處爲夫人潭由明史列女傳增節志稿引原志言生有異相頂盤七螺畧涉書史　採稿言方像尙在祠中左額髮際有血痕傳爲胡惟庸擲硯所傷蓋亦以非法死宜其貞烈如此特附著之以冠首幷詳古蹟門

石孝女襁褓時父潛坐事籍沒繫京獄越中三不朽傳僅言洪武繫獄母吳以漏

籍獲免依兄弟爲生一日父脫歸匿吳家吳兄弟懼連坐殺置大窖中母不敢言及女長問母曰我無父族何也母告之故女大悲憤永樂初年十六舅氏主婚配族子女白母曰殺我父者吳也奈何爲父讐婦母曰事非我主奈何女頷而不荅嫁之日方禮賓女自經室中母仰天哭曰我女之死不欲爲讐人婦也號慟數日亦死有司聞之治殺瀦者罪清雍正三年旌志稿由明史增　評本稱宋常博亞之十世孫女原志稱斗文七世孫女實未成婦其作石氏誤此一孝女而兼貞烈諸美死後雪父寃其智尤不可及特首列之

胡氏俞本清妻本清喪明胡歸之承順惟謹生四子然點默壎皆教訓成立躬紡績甘淡薄脫簪珥爲延師講學費一一孫達

適皆領鄉薦曾孫振才振英皆第進士萬歷志郡志同

王氏俞僧妻僧無兄弟而伯六子橫甚欲七分其田宅僧父持之堅以故閣牆不通往來王氏歸始合巹疑之公姑語之故王曰子重乎財重乎財可聚子不可復生也乃往伯翁所行茶告願均分如命伯翁大喜置酒歡會復爲兄弟如初王氏勤治生餘十年伯產仍悉歸王氏聞者賢之萬歷志郡志同

姚氏邑庠俞從觀妻也事姑至孝菽水承歡無怠容四十餘年如一日鄉黨嘖嘖稱孝享年百有七歲子孫蘩衍人咸謂孝可格天獲此遐齡厚報宜也崇禎五年邑侯楊公應禎以天眷遐齡旌其門原女德志

何氏大司馬鑑孫女大司馬呂光洵孫廣東高州同知承麟室也事孀姑曲盡孝道五十年如一日隨夫任閩粵政績多內助生子銓次友蘭庶出次金蘭未數月失生母撫育勝於己出至長婚娶析產並均焉族黨稱有古淑媛風誥封宜人壽逾於耄（原闕範傳）

俞氏呂九思妻九思歷官逾三十年俞氏在家奉養舅姑易粧奩爲甘旨費旣歿買山葬之置祭田訓育側室子同於己出（原志以上賢）

呂清明者聘君呂不用女也幼聰慧教以風詩輒能成誦年十九許聘石士嘉未幾石舉家籍沒於官有來議婚者清明泣

曰我終爲石家婦誓不再適已而石郎獨免歸結褵甫三月而士嘉病篤婦指士嘉母而言曰姑我當奉之伯氏有子石玖纔七歲撫其頂而言曰爾姪也可繼爾後我當敎之言訖而士嘉屬纊未幾玖亦卒姻鄰或憐其早寡有議之者婦聞之太息曰我嘗以人再醮爲恥抑忍自爲之耶恨已不足取信於人乃於夫墓側穿其竁示必死同穴孝養其姑姑卒哀毁殯葬以禮痛石氏無遺歸依母家以卒所志不幸母氏又卒諸弟失所養盡出衣飾凡可爲諸弟衣食計者鬻之無靳諸弟既長俾有室家生子嗣而婦髮已種種矣每淸明節必拜哭祭奠於石氏墓終始如一日人莫不哀其志高其節而

服其義因謂之清明焉清明矢志自守來依諸弟家寒燈夜杼白首不變年七十八而終通政使羊城陳璉爲作傳姑蘇沈周亦銘以詩云（評本由原志并石氏譜增節）

呂氏何遵道妻袁州經歷呂時學女也明初遭兵革三喪弗舉呂氏脫簪珥勤織絍相遵道以次就窆年二十五遵道亦卒哀痛毀瘠竭力營喪具撫二子克家卽推有餘以周困乏養妯娌之無依者終其身孀居不易寢處不施鉛華年七十九而卒魏驥銘其墓（原志）

章氏張堙妻洪武間堙代其兄爲千夫長卒於杭章慟哭暈地服闋年二十一三子俱幼父母憐其少微諷之章曰我聞適

人不易志夫亡卽改豈婦道哉遂痛哭不食父母知其志不可奪乃止勤女紅以養舅姑課二子力學年至八十四而終萬歷志

董氏張舜士妻結褵甫及期夫遘瘵癯彌留時恐妻以家貧不能不棄遺命他適董撫床大慟以死自誓後垂老病且革取導髮角簪一枝以從歛簪刓敝過半蓋與夫所誓故物也子尙才婚石氏而夭石與姑同守志世所謂淸河雙節志稿評本均由通志增節

王氏俞鈊妻痛夫歿於外盡哀迎葬年二十無子矢志不他適舅姑復連喪王痛哭喪明者十五年後目一旦復明縣令薛

文彧匾其堂曰貞節評本由原志增

李氏太學生呂泌妻也事姑盡孝夫亡寡居五十餘年謹禮則躬勤儉如一日喜讀書經史能曉大義復深究内典教訓子孫不假外傅以束躬濟人爲第一事年八十餘猶時親紡績其子曾柟孫景參景孟止之曰吾家雖清約不至缺高年衣食何自苦如是氏曰吾八十餘猶勤紡績正使汝後生輩知勤儉二字此眞壼範之尤著者原閫範傳志稿與上何鑑孫女均未言時代係於明末清初今由評本分繫之

張氏泉州府訓導張泰夫女生有淑資夙嫻婦訓歸於贈兵部尚書呂廷安克諧婦道事姑章安人甚謹常脱簪珥以佐供

具無何廷安卒無子哀毁幾隕以姪世良爲嗣撫之恩逾所生禔身甚嚴一夕火起伯氏室戒女奴蓄水以待火亦尋滅嘗大水邑人爭出避之張鐍戶端坐曰我未亡人夜半將安往可謂蹈水火而死弗渝也縣令宋賢上其事下所司覆實樹坊於儒慶坊萬歷志

王氏生員潘憲榮妻年二十二夫病篤有改命王氏即哭泣暈地斷髮示志及卒哀毁屏居勤紡績以撫遺孤謝鉛華遠女巫雖親族罕見其面姪孫昜之妻石氏夫歿亦矢志守節苦育遺孤克嗣徽音云評本由原志合傳

張氏醴泉人章懷德妻年十八歸懷德適染疾張氏委曲事之

相聚甫半載疾遂不起張氏誓以死守抱養族子爲嗣長而蕩廢其家勢窘甚張氏夜爇松明紡績自給初無怨言父母憐其貧苦使改適終不聽年七十九以壽終部使者訪節孝有司以聞詔獎卹之（原志）

呂氏䃶頭陳鉾（原志作眸由評本更正）妻歸五年而夫故遺孤方在襁褓姑命之再適呂氏毀奩誓志不從乃拮据治生以撫遺孤應璧成立而伯氏陳鑲善爲經營於外其繼姑病呂侍湯藥衣不解帶有司以節孝匾旌之（評本由郡志增節）

袁氏白茅張德經妻年二十二夫病革遺命改適袁氏不可已而舅氏復亡姑又命再適袁嚙指爲誓遂與姑同寢處攻苦

茹淡足不出戶年七十餘終有司扁其門曰完節無瑕原本由評

增志

董氏蔡氏邑碑作 芹塘人俞明德妻明德幼失恃繼母任生弟茂德遭元兵燹舉家徙龍潭洪武初明德返故𡍬茂德樂龍潭之勝因家焉董亟往省任見茂德奉養多缺歸語其夫曰養姑雖有叔在然妾與君俱違膝下子婦之心能安哉夫感悟乃迎任還任患聾董事之謹凡燠寒疴癢動合其意早暮具羞膳必致肥甘任每食竟舉手加額祝曰願天昌爾後任卒殯殮葬祭之需有不給者董皆匍匐相之未幾明德亦遘疾顧謂董曰汝年方盛宜誓志保字二孩遂瞑目董號慟幾絕里

有豪少年美其色陰使人微諷之董厲詞拒絕尋復有強言者董乃引刀斷指仰天自誓衆咸愕走由是不復設簪珥美衣服苦節自矢垂六十餘年二子成立曾孫欽舉進士歷官侍郎贈宜人褒其節焉郡志萬歷志同

蔡氏韓氏者贈文林郎呂仲易之繼室與其簉也結褵甫四載仲易故蔡生二子韓亦生二子俱在襁褓中家計蕭然蔡泣謂韓曰吾所以不死者欲與爾同誓靡他撫此諸孤耳韓再拜俯地曰能如此妾之願也遂偕苦守以織紝自給備歷艱辛孤稍長勤課讀書勉之曰獨不能顯親揚名爲地下光乎及子繼榎貴受誥封後蔡年八十有九韓年九十有二人謂

天報雙節爲不爽云由邑碑增

俞氏呂原學妻年十六歸呂四年夫故育二孤長如璋二歲次如璧一歲舅恐俞艾不能終守嘆曰吾高祖侍郎公祖州牧公累世積德居官有善政何天報之若是俞輙誓曰幸有二孤之死靡他乃脫簪珥勵志足不出門閾者四十餘年孝養舅姑甘旨必親調撫育二子劬勞備至及稍長教以孝友課以詩書曰死者復生庶幾無愧焉評本由原志增

王氏邑碑作俞氏陳賁邑碑賁作簣之妻也賁弱冠補邑弟子員有聲景泰間叔孝軻令尤谿隨任讀書尋卒時王氏年甫二十四撫兩孤歸依長潭母族遂家焉越歲賁骨火化歸里氏痛哭幾

絕奉置床第前七十四年同葬於小山岡氏壽九十有七邑大學士潘晟爲傳載藝文卷中邑侯旌其門曰百歲完貞原本萬歷志評本與志稿並同由邑碑增註是否係門雙節無攷

俞氏縣西趙學柱邑碑學柱作學桂妻歸趙四載年二十一而夫故遺孤僅三歲舅姑俱亡煢煢無依或勸之改適俞誓死守織紝自給以育孤兒壽八十六歲有司以勁節淸芳匾其門原志

張氏邑中呂新憲妻生二子方數歲夫故以死守自誓二子纔喪或勸以再適慟曰誰無死而我獨生生而不義不如死即持利刃自刺鄰母力救免自後藏利刃於枕晝夜織紝以自給謂我早年而寡內外無所依時勢不可惟一死以報地下

而已其節烈如此抱伯氏子長佐以存嗣廩於庠原志

潘氏呂爾葉妻也應崇禎壬午科鄉試卒於杭城氏年二十餘寡守矢志氷霜安葬舅姑教子成立年六十有一原入清今遵評本改正

章氏呂忠顯妻夫早亡氏矢志撫孤奉二姑王氏盛氏極盡孝養萬歷九年縣令劉庭蕙上其事奉撫院溫純滕伯倫監察御史傅好禮章邦翰各給穀帛以嘉奬之享年九十其子經化亦能孝立節孝坊以旌焉原入清今改正

俞氏邑庠俞邦瑚女適邑人陳世彰數年而寡苦守一子學尹聘潘復源女爲媳生一子亦寡姑媳煢煢相依爲命篝燈紡績以自支俞年六十餘卒潘氏遵姑諭就養父家數十年念

及舅姑輒涕泣撫子成立以壽終邑人稱爲雙節云原志

何氏陳修疆妻也疆有聲黌序以苦讀嘔血而歿時何氏年二十有四止一女夫弟修道子生半月卽抱爲嗣氏乃世錦衣何士詹之女簪珥衣服甚都概屏去性嚴正足不踰戶外抗節撫孤迄以成立原志

呂氏呂述道女生而聰慧父教以列女傳輒能知向慕及笄閒靜貞淑適醴泉庠生章乃成敬順勿違乃成少孤氏嘗以不見舅氏爲恨事姑盡孝養夫妻相敬如賓姑病調藥三年不少懈夫疾篤醫辭去氏兩刲股感神輒效家貧尤勤鍼衽治紡織以佐不及乃成由是篤志於學不以匱乏輟蜚英騰實

有名釁序氏之力也及卒撫嗣成立繼章氏後行取車駕主事前邑令萬霈圻爲作賢孝呂氏傳曰予觀古之列女足爲後世師法者非必有他奇行大抵幽閒貞靜孝慈恭儉至於刲股截髮毀顏斷肌皆出於一時計無復之不得已而爲之不必有是始稱賢也今呂氏之賢孝可爲後世師法矣奚嘖嘖於刲股一節哉因贈匾旌曰節孝流芳原志增評本由

梁氏棠墅人幼而聰慧粗涉書史字生員王茂芝相敬如賓生一子名升甫三歲茂芝年二十五赴省試病劇輿歸梁氏日夜號泣願以身代卒不起誓死守不二父母微諷之輒大慟入粧閣書衣衿云裙釵自是一孤身節比松筠不改眞父母

豈知情誼重願將完璧報良人自是不施鉛粉事姑極盡孝養勤紡績以供甘旨姑失跌傷足極痛楚氏扶掖撫摩揩拭臭穢歷十餘年日叩神祈禱姑忽起行坐如舊人以爲純孝所感姑年八十有八氏年八十有五別駕陳又開贈匾曰節孝之門縣令王璧方亦交旌焉子升爲邑庠生原入淸今改正

蔡氏梅渚楊應春母生春甫七歲夫亡娶媳舒氏生子曰煥甫四歲應春亡姑媳苦守同撫曰煥成立縣令朱仁臣以匾旌之云梅菊同操娶媳王氏時蔡氏年八十六舒氏年六十三相繼卒王氏悲慟幾絕日煥又亡僅生一子誃未滿三月矢志堅守五十年而終蓋一門三節云原入淸今改正

俞氏布衣陳昌言妻也（邑節孝碑原名下一作胡氏）秉性貞靜孝於舅姑昌言歿氏年二十有六二子尚在襁褓誓志守節甘澹薄寡言笑紡績勤劬撫孤成立不渝其志有古烈女風（原志）

石氏（邑碑作陳氏）俞應允妻年十九歸應允甫三載生子心尹未數月夫故其姑黃氏（邑碑作韓氏）止生應允年二十六其夫秉佳亡守節家貧諭石氏再適石氏泣曰姑寡子孤忍使俞氏無後耶誓志矢節遂與姑同寢處紡績自給家長卜地葬夫石氏哀囑合壙家長疑其艾年難以預定及葬歸給之曰如婦言矣石事姑益孝撫育一子心尹長娶翁氏生孫二女一未幾翁氏亡代媳育孫備極艱苦姑黃氏享年八十五卒石氏生

事死葬曲盡孝道邑令王璧方儒學高其昌匾其堂曰松齡竹節復令心尹續娶呂氏邑碑作張氏年十六又生孫五而心尹亡呂氏年三十亦同姑苦守石氏深加慈愛共紡織教子孫至明末見孫乃彰入泮身歷五代年九十卒平時嘗與孫言我墓自葬祖日已定勿再卜及合葬並無二壙衆駭甚村中老人云彼時豈料有今日是家長紿之矣送葬者嘆曰孰謂天道無知今呂氏年已七十餘不與黃氏石氏後先相輝映哉合邑相傳爲一門三節云以上評本由原志增節志稿略有序次均仍之與今採稿所錄邑碑不合是否卽此門抑另有一氏無考

二吳氏一石濮妻年十八歸濮甫四載夫亡氏矢志堅守子復

殤有勸他適氏斷髮自誓益勵冰操服純素不出閫者四十餘年七十有八卒一章在茲（採稿作允茲）妻年十九自崍歸醴泉甫一載夫亡姑命他適氏流涕指腹誓以死守七閱月果生男人復有欲奪其志不可少動家初頗豐後漸窘賴氏勤儉復振（志稿增今合傳）

潘氏邑庠生潘志上女適陳日章匝歲而寡年僅二十即截髮剪爪以守死自誓或勸爲善後計則曰吾以名門女適名家子恨不卽死以有遺腹或可繼陳嗣耳後果舉一男紡織衽繡撫孤成立苦節五十年而終（原志以上節）

丁氏彩烟人太平府劉忠器子婦忠器居官廉介既歿諸子不

善治生家益窘丁氏拮据茹荼卒不能支其夫欲遣之丁氏不可夫已受聘嘆曰婦有二夫犬彘也與其飽腹而生不若空腹而死乃扃戶沐浴更衣從容自經家人驚救則殞絕矣有司聞之爲治夫罪旌其節烈郡志萬歷志同

張氏石弘化妻家貧不能自存夫諭以他適庶獲兩全氏曰失節以生寧餓以死日一舉火以贍其夫與子氏僅啜汁數口而已竟以此斃原志

張氏明經張立朝女適醴泉章爾程夫亡誓死以守後隨舅宗愚赴四川灌縣任適流寇破城時立朝同在署中遇害氏抱父屍大聲罵賊自刎而死節烈凜然府道交旌之志稿增以上烈

吳八娘疊石人幼聰慧貞靜父縉早卒未及笄母石氏朝夕痛泣謂曰汝父無子我幸有孕若復生女則父嗣絕矣幸生男家貧孤苦何以成立女感泣卽奮然曰倘天佑父果得弟兒願在家輔以成立終身誓不適人也後果生男八娘遂守前誓母勸之弗許欲爲贅壻亦曰有壻卽有外心仍勿許梁氏子求聘甚切八娘卽閉門自經衆奔救獲免終身不事粉澤日夜拮据紡績弟敬明賴之漸致饒裕卒年七十有六葬銅坑陳家塢人呼爲小娘塚云見郡志以上貞

潘氏　俞良甫妻一作輔

劉氏　俞盛樂妻

嚴氏　劉時清妻

章氏

呂雲蛟妻

石氏

王廷玉妻
潘勗妻已旌
張尙才妻已旌

丁氏

張伯蘭妻

俞氏

張時雍妻
何宇妻已旌

袁氏

張懷經妻

呂氏

俞元三妻已旌

以上諸人均由志稿增補事跡無考

按今祠祀內尙有呂俞氏張董氏石呂氏張章氏呂章氏俞潘氏張俞氏俞劉氏幷贈一品夫人何呂氏等位均不列外家本名未知有否重複仍爲標列惟贈典中於何少保譜內本支委無此人抑或推恩貤封附誌以存疑

清

陳氏邑庠生何鎭寧妻也閑靜仁慈事姑曲盡孝道敬延師傅訓子以孝敬勤儉爲先居家謹飭未嘗見其笑語鄰里困乏多方周恤不自以爲德鄉黨咸以賢孝稱之原志入明今改正

陳氏者呂晉栴妻也父母早世祖母劉育之每自恨不爲男子無以報劉年十六于歸晉栴每讀書至夜分爲供饘粥不倦夫卒梳櫛不臨鏡諸宴會不與篝燈紡績撫育兩孤給諫呂爚其長也爚方幼舅氏望其成立課之惟勤姑內訓尤嚴口誦偶懈或撻之流血陳侍側爲兒負罪擕至室中含淚諄諄諭舅姑旨必令兒悔悟乃已舅姑齊眉九秩奉之四十餘年

不少衰貞節孝並至者（王會新編曾構誤作時稽舅姑年皆九十陳亦七十志稿原入明今改正　以上賢）

陳氏呂亮中妻無子貧甚誓不再嫁紡績養姑雍正年旌（浙江通志）

呂氏俞廷坡妻生四子而廷坡卒氏年二十有九上奉老姑下育諸孤以養以教閭里咸稱焉卒年七十六乾隆四十五年旌（乾隆府志）

詹氏會稽人楊載西妻歸楊甫九月即寡舅耄且瞽囑再醮詹婉詞泣謝以姪宗武爲嗣旋遭舅喪一切資費夫兄不以聞詹固請均任之（表微錄）

潘氏楊雲坤妻于歸九月夫卒年十九父與其舅私議改適氏聞之大慟而絕踰數時始甦生遺腹子年六十餘卒（志稿）

袁氏潘以秀妻年十九守節不渝操懍冰霜孝事舅姑生養歿葬俱盡其禮撫孤則聖以孝聞志稿

呂氏庠生呂敬心女庠生潘沐日妻適潘不數年而寡矢節苦守足不踰戶限親族罕覩其面晨夕勤織紉以奉其舅姑撫孤爲潘後霜潔玉貞邑人敬而頌之原闕範傳

韓氏俞立道妻年二十餘而寡家貧無子更無期功强近之親死守自誓毀容敝衣刺繡織袵以自給足不踰閾鄉黨敬而憐之以爲世風之勵云原闕範傳邑碑韓氏作潘氏立道作志道是否雙節無考

胡氏西山袁大器妻也生子方在襁褓而夫以病歿有勸他適者胡斷髮示志誓以死守屛居勤紡績課子成立署縣事謝

昌緒獎以匾曰貞節原志入明因明無謝任今改正

俞氏處士袁鳴聲妻二十而寡時有欲奪其志者俞截髮爲誓死守冰操撫育遺孤後俞遘篤疾子其昌刲股食之而愈閱數載壽終痛哭守墓時邑侯胡悉寧聞之匾其堂曰節孝全美原入明因胡任在淸今改正

董氏庠生張錫位妻性端重嫺禮義寡言笑禋先必潔取物不苟年十五歸張又十五年夫故生子射斗躬斗俱稚家四壁立矢死靡他朝夕紡績足不踰閾錫位先娶何氏蚤世遺子聚斗稍長不率教氏撫同己出嗣後漸食母德能自感悟氏與有力焉二子已成立入邑庠氏年五十六卒誠苦節之尤

難者同邑紳耆連名請旌並補入邑志按原附呈稿時爲康熙十八年距劉志成時已隔九年

蔡氏庠生俞培驊妻蔡鼎新女也氏方七歲父母相繼沒戚戚不欲生瀕死者再救而復甦年十七歸俞姑遭危疾百計調理焚香籲天求以身代已而引刀刺臂刲之和湯藥以進姑病果愈蔡因以致疾垂危姑慟甚蔡張目强視曰幸姑無恙死所願也言訖而逝梁邑侯使載入邑乘旌其門曰孝德天鍾以上二節均補入原志　按梁即朝桂康熙二十二年任距原志成時又十有二年

呂氏嫁餘姚孫景山業成衣順治間大兵進剿山寇副將趙登科扎營邑中有一卒潛入氏家調之厲聲堅拒不得持剪刺

喉以死卒逃去縣令趙廣文朱及合邑士人爲文祭之自是兵稍緝不敢爲暴氏之節不獨全己且以及人焉原志入明今改正

潘氏張邦臣妻嫁逾年邦臣卒翁無別子思以他子來贅使視己子里中少年又以媒事啖翁嫗陰使鄰嫗諷婦婦作色拒之婦知翁嫗必奪其志潛執剪刀自刺死時盛暑無一蠅集屍上越郡闈幽錄增今採稿作金玉妻其事相同照坊表書似即此

宣黃氏失其名姑久病㾼氏調護不懈一日出糴適鄰火延其舍氏趨入救姑俱死

楊氏丁鳳亭妻竹潭人咸豐十一年賊至竹潭焚殺甚酷楊避村後山中賊搜山獲之將肆無禮不可鞭之使歸營罵益甚

賊殺之擄其子培綱去越五日戚黨覓其屍仆斃荆棘中與楊先後死者有陳芳田妻呂氏章玉明妻俞氏呂某妻潘氏俞國新妻趙氏

何氏潘鏗吉妻避賊烟山半載賊退至母家八日賊又至焚掠何救母出再入攜家具火突至燒死

呂氏劉廷槐妻咸豐十一年賊入新邑呂避烏石牛村次日賊至呂抱子走賊追及欲污之痛罵不絕賊破其腹母子同死

劉氏一門雙節錢氏劉大錢妻及媳陳氏大錢早世錢氏以節孝請旌子春水亦早世陳氏奉姑守節里黨稱美咸豐十一年賊至新昌兩人抱夫栗主泣曰半世清操獨不能舍生取

義乎投塘水死

黃氏盧佳城妻澄潭人年二十七守節咸豐十一年十月二十四日殉難年七十三歲

盛貞女王彬老聘妻父興芳朱家塘人咸豐十一年十月二十日賊逼不從脅以刀女起投井中賊出之女大罵賊縛置馬上女奪刀刺賊額賊怒甚剖其腹懸其腸死年十七歲越郡闡幽

增錄

張帝謨女瑞君生而淑慧寡言笑咸豐十一年賊陷新昌女隨父避居丹坑村同治元年閏八月賊猝至女匿山谷間賊搜得縶之行女從容謂賊曰緩之我亦願從賊喜釋其縛三四

賊綴女行出村外半里許路旁有深潭女忽大呼躍入死賊相顧駭愕而去以上烈

繆貞女許字呂廷賢未婚而廷賢卒遂矢志不二以處女終以上貞均由志稿增

王氏

陳甫新妻家貧無子苦守五十餘年卒

楊帝漢妻守節三十餘年

潘遠瑞妻年二十一寡撫孤守節三十餘年

呂氏

石廷韶妻無子苦守 邑碑韶作瑤

王士寬妻無子苦守五十年卒

張大軫妻年二十六寡七十一歲卒

梁坦妻上事舅姑下撫幼子年八十餘卒

姚氏

俞肯稷妻無子苦守五十年

何氏

呂守則妻上事舅姑下撫孤子守節五十餘年

馬氏

孫祺妻年二十二寡撫孤守節五十餘年

以上十人皆由志稿增補序次簡畧故列表如右

呂氏

陳芳田妻	陳鳳岐妻	石月才妻
石月霖妻	潘師琦妻	俞元益妻
俞肯構妻	張秉禮妻	何日宣妻

俞氏

章玉明妻　呂日進妻　楊㥻懷妻

呂兆純妻　呂　焯妻　何機　妻

呂宣音妻

張氏

呂逢玉妻　俞呈逵妻　陳大受妻

陳氏

呂是音妻（採稿作宜音）　呂　炆妻　石月霖妻

黃錫祉妻

潘氏盛章焜妻年二十九寡八十餘卒

王氏盛傳謙妻年二十九寡守節三十餘年

劉世智妻

蔡氏盛傳謙妻年二十八寡守節三十餘年

盛氏楊學顯妻

金氏劉義法妻

梁氏倪作忠妻

吳氏袁德皆妻

徐氏何鼎明妻

朱氏孫應鳴妻　採稿作應鵬未知一人否

以上三十三人志稿由乾隆府志補入除潘氏等三人外年齒事跡皆不詳惟盛門王蔡二氏似係雙節陳呂二氏同爲石月霖妻未知當日原本若何附識於此以待考

王氏

陳宗成繼妻
楊登松妻
陳宗商妻
呂復元妻
潘熙周妻
高槐林妻
蔡元聖妻

俞師禹妻
朱惠昌妻
章光曙妻
丁繼猷妻
庠生陳吉羽妻
呂錫三妻
俞大本妻採稿作大木未知一人否

潘尊仁繼妻
監生張錦雲妻
徐祖文妻
張高山妻
徐善循妻
鄭可求妻

呂氏

陳元標繼妻
陳燡妻
陳承羔妻
胡才能妻
梁盛興妻
張先管妻
王培松繼妻
張存鎔妻
王邦信妻採稿作信邦未知一人否

陳朝瑛妻
范春和妻
俞正身妻
俞廷珍妻
王永平妻
庠生陳景白妻
生員張廷簡繼妻
張蘭亭妻

張克峻妻
徐自鳴妻
廪生梁靜妻
陳殿英妻
章高國妻
俞翰妻
俞蒼林妻
俞允貴妻

陳氏

俞蒼葮妻（後有傳）　王肇坤妻　呂國攡妻
呂承續妻（後有傳）　王价妻　俞蒼水妻
呂魁元妻　劉天培妻　呂復正繼妻
監生呂鳴翔妻　章光泉妻　諸文熙妻
生員章魁元妻　高鶱妻（即鳳翎）　王鶴齡妻
黃廷秀妻　黃登魁妻　庠生呂贊陽妻
監生呂聲聞妻　吳良臣妻　廩生呂紓靑妻
王沛崑妻　拔貢呂基繼妻（後有傳）　生員俞保衡妻
監生唐秉璋妻　張存風妻　張仁育妻
楊友芳妻　呂麟書妻　廩生余以錞妻

張氏

王肇森妻　陳曾輝妻　章興福妻
陳殿彪妻　庠生陳寶妻　俞工良妻
俞祖能妻　俞呈說妻　王式濂妻
李維城妻　呂占泰妻　徐永輝妻
朱大鴻妻　呂秀元妻　祝才占妻

俞氏

葉春林妻
生員呂㹨妻
廩生陳鎔在妻
生員呂成泰妻
田文煥妻
劉循典妻
生員丁元昌妻
王廷溶妻
監生呂宗潮妻
徐紹美妻
監生余天樞妻（後有傳）
梁榮萱妻
魯金生妻
監生范春和繼妻（採稿和一作溶）
呂曾府妻
呂亮揆妻
趙子茂妻
庠生呂文炳妻
楊其鎏妻
石益培妻

章氏

呂鶴舞妻
張卿謨妻
呂大經妻
呂廷琨妻
吳萬玉妻
蔡國成妻
陳欽韶妻
呂國鈞妻

沈氏

姚瑞鳴妻
監生王調元妻
庠生吳振飛妻
孫應才妻
孫天秀妻

楊氏

王　朓妻　主事陳榮燓妾後有傳　梁思孝妻

丁培椿妻　貴州獨山州知州俞汝本妾後有傳

石氏

陳世烈妻　呂鳴南妻　陳克和妻

生員俞漣妻　王永平妻

潘氏

俞聖模妻　黃承潽妻　陳光詔妻

生員陳大佐妻　張　撫繼妻　俞炳暘妻

竺氏

庠生呂昕妻　呂海樓妻　監生陳烜繼妻

胡氏

陳宗武妻　監生梁治軒妻　陳履綏妻

魏氏

庠生呂鑑冰妻　王開慶妻　徐師閔繼妻
錢世珍妻

梁氏

石益仁妻　潘起雷妻　楊貴盛妻
王自餘妻　生員呂虹梁妻　潘燮陽妻
楊仁煦妻

何氏

呂錦堂妻　王正秀妻　周國期妻
徐小老妻

劉氏

監生陳棫妻　監生呂廷煊妻　潘景灝妻
潘雍恕妾

吳氏

孫承宣妻　生員張祖華妻　徐祖武繼妻

徐氏
佾生俞沛玉妻　監生呂文起妻　余　剛妻
呂應睢妻　張丙松妻
袁氏粱光明妻採稿光明作先朗
陳蓉鏡妻　陳寶鑑妻　石益川妻
董氏監生俞邦辟妻
蔡氏陳世熙妻
凌氏呂自求妻
周氏呂則武妻採稿武作舜　徐永芳妻
鄔氏盛懷溶妻
錢氏劉大鈖妻　貢生余天柱妻

宋氏徐師煌妻

孫氏章學根妻　金邦淸繼妻採稿金作俞

陶氏千總呂鼎元妾

婁氏監生姜廷璜妻

馬氏孫玉妻

邵氏陳鳳聲妻

黃氏梁官林妻　張根老妻

商氏呂乃燭妻副貢恭詔母舉人家騏祖母守節六十餘年壽九十二

高氏生員呂夢禾妻　陳雷章妻後有傳

焦氏監生張大球妾

朱氏梁泰璋妻　武生楊春芳妻
史氏祝得覲妻
盛氏尉金生妻　梁其龍妻
謝氏呂均妻
趙氏陳佩芬妻　監生梁廷詔妻
孔氏楊繼能妻
余氏錢一遴妻　陳鳳占妻
梅氏楊繼鄭妻
田氏呂廷楷妻　俞正東繼妻
李氏袁建安妻

以上二百十一人志稿由越郡闈幽錄補入當皆已旌

王氏

張方產妻　吳德乘妻　丁林順妻

俞氏

韓盡美妻　潘鳳鳴妻　趙應選妻

呂氏

吳法清妻　袁世暄妻　李發祥妻

潘氏

呂玉秀妻　俞文松妻　呂　亡其名

趙氏監生俞國新妻

施氏方蘭秀妻

張氏同上李發祥媳

吳氏呂福元妻

章氏吳先元妻志稿吳作梁

汪氏金世桂妻子克明同殉

徐氏生員王贊昌妻　以上烈婦

盛興芳女繽妹　王紹友女長姑　梁治盈女嫦娥

張世英姑　潘欽鴻女荷姑　鄭桂琴姑以上烈女

以上二十四人志稿由浙江忠義錄補入當皆已旌

張士稷女　陳　甡女　陳商珍女後有傳

呂曾隆女儉妹以上孝女

王氏武生俞聯魁妻

求氏俞向渭妻

潘氏梁其虎妻後有傳

呂氏陳耀衢妻

黃氏盧佳成妻傳見前　以上烈婦

徐氏陳金魁聘妻

俞氏胡遠見聘妻

竺氏俞朝奎聘妻

鮑氏陳保廷聘妻

陳薏芬 呂茹謙聘妻過門守貞後有傳

陳氏 俞蒼水聘妻 前亦有俞蒼水妻陳氏不知是一人否 以上貞女

王氏 庠生呂謨家義婢

以上十六人志稿由越郡闡幽錄重補均已旌碑亭今在邑

西郊外 附原案

道光二十八年合省紳士張鑒等爲採訪節孝貞烈彙請批准設局廣採彙總請旌於二十九年奉撫飭各州縣舉行在案三十年二月又欽奉恩詔節開凡滿漢孝子順孫義夫節婦咨訪確實奏聞詳核旌表等因據此紹郡各屬陸續按造清册彙送到局造具册結稟請府憲札飭府學蓋印加結咸豐元年通詳督撫學藩四憲由藩憲覆核洵屬孝義兼全阨窮堪憫應請旌表建立總坊轉詳府憲會同具題請旨飭部核與定例相符均應准其旌表依議欽此命下之日禮部令行該省由撫憲轉飭各該府州縣統計所屬各節孝貞烈婦女若干名給銀三十兩官爲總建一坊題名其上節孝祠內照例設位倘本家自願建坊及紳士願在本縣捐建者均聽其便合邑既得請本家大半願出己資公同設位建坊爰將道光三十年分及咸豐元二三年分題准節孝貞烈姓氏鐫勒

貞珉覆亭其上庶足以勵人心而維風化云

案八邑彙旌節孝府局紳董杜寶鬻每於題准後即捐己貲照册刊刷題名全錄分交各縣紳董備查後以道光三十年分及咸豐元年二年分三次彙旌文卷姓名編爲越郡闡幽甲錄五年分則編爲乙錄從此三年一起如鄉試正科例蓋欲由甲及癸次第成書以彰潛德其用意可謂勤且厚矣茲碑上所題悉按年分無遺惟道光三十年者不載現存節婦俞蒼生之妻陳氏以其決欲自行建坊設位不便相强故從闕如非遺也咸豐二年所題高陳氏於其夫高鶱名下獨注表字緣本家自建一坊題爲高鳳翙之妻不書名而書字與此不合故爲注明

非敢自亂其例也至補旌志載節孝婦女錄憑册册憑志與譜其有按譜已旌擬從删節册復誤收以致重旌不必載碑者張錫位繼妻董氏也據志本作孝婦總册誤列節婦類今仍列入孝婦類者呂九思妻俞氏也楊蔡氏之夫紹英册上據志作某碑獨書名者祠內設位時查譜而得也吳緒之女册上不名碑題吳八娘者據志特書也呂瓊妾吳氏係五年補請碑獨移列呂瓊妻後從其類也烈婦劉太平媳丁氏狄某妻徐氏不載夫名者一則夫不義志傳削之一則志失其名也若夫屬紳衿而册不載者亦悉查明補注凡此或與志錄不符或與體例稍異皆易增疑於後人故特一一著之俾

後之覽者悉其原委焉（咸豐七年閏五月陳暟原識）今之立傳於後者皆由採稿補入惟間有重複及偏旁形音相同者附爲注明中間存疑甚多採稿亦詳簡不同未敢率行塗抹以待訂正（增）

畢氏（州同畢在裕女職員陳京圃妻年五十歲同長子永清同治元年三月十二日在六都唐塢地方殉難）

程氏二人（一監生程爾和女職員胡龍章妻年五十九歲同治元年三月十四日在六都唐塢地方罵賊殉難一職員程儀表女胡增貴妻同年在徽郡三月二十六日躍潭地方殉難）

以上三烈婦均威坪人由同治間採訪清摺補入未知已旌否

傳（由採稿新增）

呂氏山西知縣俞貞妻子婦劉氏貴州知縣鴻逵妻夫子俱詳

本傳中咸豐辛酉夫貞已故率子媳避寇五峰祖墓旁丙舍雖饑且困如平時繼知賊已逼近嚴飭鴻逵率幼弟遠避鴻逵依戀不捨變色曰汝父已食祿任事汝次弟又早歿僅留汝二人長守此不饑餓死亦見辱吾又何望汝若以我爲慮我請先亡鴻逵始從命未三日寇果前至長媳鴻逵婦抱一幼女及其寡娣尙侍側卽率至舍旁小池中以杖量深淺喜曰可矣忽就長媳奪幼女擲池中卽命曰汝可下次以命寡媳亦如之見其俱滅頂然後從容自隨下一少女在旁未知何許人當驚愕間亦同殉難一池中蓋五屍焉賊目至敬而憫之爲之下拜次媳以救得生倉卒中得大體如此其平日

隨宦持家行誼可想見但以節烈當之尚淺

陳氏呂周緒正室夫素好施凡邑中諸善舉無不首先倡捐嘗以其先族祖呂孝子升祠將圮及名宦鄉賢忠孝節孝四祠未能及身修理爲憾夫故服滿後氏卽次第出貲以成夫志嘉慶十六年大旱氏施賑捐至萬金聖宮工程亦數千金遺子保人方冀以昌盛爲賢淑之報旋又夭折氏曰吾子命也豈以子之幸不幸而始爲善乎時有鼓山書院之役當事約萬餘金卽獨力任之又捐田二十畝以爲日後修葺費邑令涂公日曜留別詩云婦女都成學道人誠非虛語也閱數年有其侄偉妻俞氏偉以拔貢生署麗江同知殁於任俞以鼓

山書院爲一家事卽命子琯將所有圍木盡助工作幷附近山地亦歸之節而且義出於一門之中誠世所罕見按此事宜列節婦一門惟以婦女而知大義尤不易得

呂氏俞廷坡妻知縣俞鎬母也鎬父早世呂年未三十堂有寡姑繞膝四子茹苦勵志事姑得其歡心訓子成立皆有聲庠序間鎬以拔貢生供四庫謄錄館差得議叙署崑山無錫江陰南匯上海丹陽等縣皆隨任訓誨以故循聲丕著年七十餘卒乾隆朝旌表節孝建坊西郊外

陳氏監生呂式沼妻式沼亡後氏矢志持家家益裕然邑有大建置大施濟必出己貲爲一邑倡凡社廟郵亭溪橋義渡捐

田約近百畝捐金約數千餘道光丙申歲大祲米騰貴議平
糶邑令首諮富家籌捐陳氏獨捐金三千爲倡而後得集事
又設呂氏平糶倉於宗祠以匡不逮民因是獲全活爲夫立
嗣賢愛交備均給以遺產已一無私焉長子楙娶陳氏即庶
常榮燮之女弟于歸後僅一年楙卒母壽至八十九歲賴氏
奉養始終不懈嗣子乃熚有聲黌序間次子縣丞銜椿繼妻
王氏亦享高壽並旌節孝如例
呂氏邑庠貢生張鵬妻係歲貢古田參軍雲門曾孫女邑庠生
呂徽音之長女也事繼母如所生撫後弟如同乳于歸後孝
事舅姑唯謹綜理家政區處各當其才有過人者長子皐舉

賢良方正次本亦以孝弟聞卒時當酷暑四日殮骨猶香軟家養一鹿陡然死鄉佃盧姓來言昨夜夢安人乘鹿而去亦一異云城區

胡氏梅溪世家女俞登洲繼妻已有子矣而登洲竟物故氏代以養畜艱苦備至五年子亦歿時適修宗譜氏即告於宗長以己田五十畝作本姓子弟義學費蓋又於節孝中知大義者

唐氏吳孝揚妻其父祝三素整家法氏居次尤淑慎及笄歸吳孝揚素弱且病賴以持家卓然稱內助及歿教二子四女咸以禮人皆以賢母敬之不徒以節孝著也東區

丁氏南鄉回山丁以端女楊安山之聘婦也婚有日矣未及期安山父死於賊遂出偵賊抵閩粤湘蜀去家數千里無音書者十餘年人謂存亡未可卜盍改嫁氏無貳心年三十餘始婚焉以上賢南區

俞氏張尚驥妻年二十餘而寡二子又相繼夭沒卒二婦以撫諸孫張氏兩世大宗賴此一線次婦潘氏亦善承姑志號爲雙節俞氏享年九十餘雍正丁未旌表入祠

陳氏一門五節邑庠生金璜妻呂氏弟進士金鑑長子恩驊妻張氏次子恩駉妻梁氏孫忠義壽玉妻馮氏及志玉未婚妻又一梁氏也金璜年二十三歲病歿時金鑑尚幼賴呂氏以

撫育事詳本傳中及宦歸時家無餘錢二子均殤張馮二妯娌皆未中年形影相弔方資壽玉兄弟以成立而又皆禦寇死難馮一身當之其艱瘁更甚梁以未婚守貞謂夫已盡忠已更宜勵節亦人世所難者現均旌表如例梁年七十餘尚無恙志玉未婚妻梁氏零有傳入貞婦門

高氏陳雷章妻于歸未百日夫即病故守節三十餘年已請旌如例

楊氏未詳其里居陳戶部亮士納之於京邸冢室得其歡心未聞有詬誶事朞年生一女甫離襁褓而戶部卒隨同扶櫬南還守節二十餘年旌表如例

陳氏呂承績妻承績早世氏年二十四因念承績無兄弟已又未育以無後負不孝罪力勸於姑爲舅置側室越五年生叔氏文炳又越二十四年文炳生子乃燃氏卽畜爲己子以爲夫嗣焉

俞氏呂糖妻歸糖後三年遺孤僅週歲氏以此一塊肉乃夫之血胤於虔事翁姑外撫字周至長勵以學子乃煋由庠彥貢成均請旌表節孝

俞氏呂之本妻本有二兒俱早世獨本依父側咸豐辛酉新昌被寇城陷本奉父避鄉父及長子被掠本爲寇傷不數日而亡俞挾幼子避母家乘夜繞賊後走數十里親視夫殮年餘

翁及長子相繼歸氏已有積蓄出以成家人不難其節而難其孝焉

陳氏俞元泉妻咸豐辛酉新昌被亂元泉被掠氏奉翁姑避之有欲刼以去者氏攀門前桑木拒之腕垂斷不舍卒以免夫竟不歸氏事翁姑終其身年六十餘卒

陳氏同治丁卯舉人錫時之母光緒癸卯舉人陶之祖母氏年十七歸呂基家貧力學年十六補博士弟子員十七食餼上庠二十六充道光丁酉拔貢朝考不得志歸途抱病至家未數日卒時氏年僅二十四歲長子錫師年六歲次子錫時年四歲舅姑猶在堂也氏事舅姑得其歡心撫育二子皆成名

以續家學師貢成均時登賢書師子瀚淸時長子佐淸皆飛
聲黌序次子陶復捷秋闈人咸謂食母報云
石氏求大弟妻未婚夫亡石號泣不食毁容茹素誓不更字父
母欲奪其志石遁歸求門修子婦禮舅姑憐之窺其意眞允
遂其志於求木主前行婚禮後事舅姑以孝聞且善處妯娌
間求弟夫婦亦夭折祇遺二孤石撫若己出孝慈之聲著鄉
里壽七十卒
石氏胡仁寶妻仁寶性豪侈父大英訓之嚴初未改後漸悔悟
而家已中落憤且愧而卒氏時年二十餘鬻簪珥習縫紉以
代子職舊業亦漸復享年七十有一臨終猶述其祖訓於後

人

馬氏陳鐵樵妻也于歸一歲喪所天遺孤在抱髮匪亂携子晝伏夜行避鋒鏑亂平旋里故居無存乃葺數椽以蔽風雨今則四世同堂天或有以報之已請旌表如例享年七十有九歲

張氏何國香繼妻也國香殉粤匪難氏即矢志冰霜長齋繡佛以終身知縣事者爲之彙案呈請部准旌表如例

呂氏張猷妻生有至性知書算事親以孝聞于歸後家綦貧事姑甘旨未嘗缺姑病朝夕侍湯藥衣不解帶者數月及姑卒喪資無所措亦能哀毀盡禮不數年而猷亦卒腹中有孕閲

數月生一子傭針黹爲活撫孤子成立苦守幾二十年浙吏
賜匾額以旌之
呂氏太學生張皓妻自幼有孝女名嘗割股以療母疾年十九
歸皓年餘竟夭氏孑然一身治喪營葬惟恃織筐縛帚爲生
計若此者四十餘年如一日
何氏俞清照妻年未三十而寡遺孤三困甚父母愛而惜之欲
奪其志氏誓死不歸寧矢志自守粵匪至父母又勸之偕逃
氏堅不與俱越二十年男女始成立光緒間旌表入節孝祠
年九十有三尚存
陳氏張盈才妻二十一歸張家素貧夫弟均幼節縮所入各成

室家盈才病卒時遺一子纔九歲女纔六歲一賴陳撫以成立四十餘年後家稍裕或誦經以遣世慮同治乙丑旌表入祠城區以上節

吳氏西山袁之虬妻康熙時人年二十四夫亡彌留時詢夫何所囑夫曰父老子幼汝善爲之無令人笑吳諾之遂瞑目號慟幾絕救之始甦邑侯姚公贈額曰冰清玉潔

何氏西山袁永川妻年二十七夫亡無子女家極貧終日拮据矢志靡他積置祭產以慰泉下袁廷京爲之傳

呂氏明孝子德升之裔孫女雅張邑庠生張繼華妻年二十七繼華不祿善事姑子三游庠者二孫九同年入泮者二嘉慶

庚申邑令曹署卿上其事許建坊額曰栢荻流芳

梁氏父玉照董尚信妻生子甫四歲而尚信歿撫孤成立守節三十年親見二孫紹隆紹昌貢上舍嘉慶六年旌表教諭夏鼎爲之傳

石氏麟角丁玉琴妻年三十夫歿女一子三氏不爲貧累砥節勵行享年九十一歲卽庠生丁拱辰之曾祖母也拱辰父法全母陳氏年十九結褵未及一載卽失所天懷孕六月腹遺一子氏撫孤兒慈而且嚴教有義方俾至成立光緒三十二年旌表建坊現年六十三歲存

董氏一門雙節石氏芹塘才佩妻媳張氏振祥妻初石歸才佩

甫踰年而寡無子年僅二十三歲繼兄仲子振祥爲嗣及娶張氏婦生一女又歿張年不滿三十二十年中迭遭喪亂形影相弔人咸敬之石竟享年八十有六張氏亦享年七十有四光緒初旌表

貝氏芹塘董振鍾妻年三十二夫亡女二子一名喬松敬事翁姑撫養子女二十八年間無一異議爲壽至六十歲卒

金氏南洲丁國法妻年二十九失所天二女幼腹遺一子名才鴻享年九十一歲孫子繁盛家亦豐

李氏西山袁建安妻年二十八夫卒子甫十齡姑享年八十九歲調護之難難於乳哺嘗謂妯娌曰非我養姑姑伴我也教

子女經理家事非子出足不及門閭以廉恥勵家人年七十三而卒旌表入祠

石氏大市聚例贈修職郎趙維鼇妻道光時人年二十六于歸趙不苟言笑越十五月夫亡哀毀無似苦狀不能枚舉有因食指窘勸改適者即恨切齒使祖父納妾自定繼子甫二週視如己出後入學謂一衿不滿志終掇乙酉科明經例贈孺人殆天之所以報若人也享年八十光緒丙子旌表入祠

吳氏後梁梁治全妻年二十七夫亡苦志守節遺有一子撫養成室子又生孫不幸天不眷梁子死孫殀所積貲產由繼子主管外另撥田畝附食宗祠光緒乙丑巡撫楊昌濬詳旌貞

節有坊在後梁路旁

陳氏下宅梁濟川妻年三十夫亡家貧子殀惟藉針黹以供饘粥晏如也及其衰年殘箕敝帚四壁蕭然獨自枯坐語人曰身在一日則梁氏之門在焉繇是親故爲之請旌綽楔之榮庶幾無愧享年七十有五

袁氏東塢張士榮之妻年三十二夫卒子未及週姑欲强奪其志暗立婚書袁指日自矢決意堅守以致涉訟卒全節操撫幼成立年五十四歲卒

俞氏大市聚趙觀儀妻候選直隸州判振甲之媳年二十三爲未亡人欲以身殉者數俱經覺解而止事翁姑曲折承順於

諸妯娌中最得堂上歡翁疾侍奉朝夕翁逝俞亦病瘵年三十二而卒

章氏中浦村何乃昌之妻結褵數載所天不偶章年二十有八即以柏舟自矢輔姑持家撫養夫弟自哺乳以至弱冠終始無間且捐產創祠以妥祖靈慷慨慕義爲丈夫所不及享年七十有五

石氏大市聚趙逢吉妻年三十二夫亡現年七十有二前七十時有欲爲壽以表懿美者詑曰吾身爲未亡人何以壽爲及爲立傳又詑曰婦人終一夫固婦人之分況吾年逾三十家尙小康繞膝呱呱有三四焉撫子成立事又尋常有何傳爲

其夙志概可想見矣

呂氏虞金海妻住大園藤生一子氏年二十七夫亡未幾子亦不禄人勸其再醮氏泣曰女子一生以名節爲重失節生不如完節死後竟自食其力守節四十一年卒

劉氏潘紹麟妻年十七于歸紹麟紹麟病亡氏年二十五歲子啟棻僅三歲貧乏之不能自存攜子依住母家精女紅勤紡織撫孤成立艱苦備嘗九世單傳賴以弗替光緒間旌節孝現年七十八歲

徐氏張寶林妻城中徐日興女也年十九歸於張閱二年寶林遠出無音信氏以婦代子曲盡孝敬又十年翁姑衰老家亦

貧窶時有喪偶者遣媒媼來翁姑以貧故勸氏自爲計氏不可一家三口賴氏針黹供朝夕翁姑病亡氏營喪葬畢貧無立錐地歸事父母代操作十餘年父母又故光緒壬寅年旌表現寄居庵中年七十二歲

呂氏下坂人年十八歸黃壇石洪森至二十六夫亡無子先是洪森病革時乞兄長子有成爲嗣兄不忍拒氏復請於伯兄撫有成爲子守節已四十年今六十六歲矣

虞氏大園隣金源之女歸城中盧福銓爲妻生一女福銓病亡氏年二十九無子苦守後依女以居居庵禮佛現年六十五歲

潘氏一門雙節其姑王氏后路潘循鎔妻年二十五夫亡子夭以侄守銀爲嗣娶媳俞氏生一子越五載守銀與子亦相繼逝俞仍堅守綽有姑風一門雙節見者咸爲致敬云

二俞氏兆妹齊妹爲文學聖昌女兆妹歸唐載智家世業農夙饒裕兆妹佐之益謹不逾年而載智竟歿齊妹歸唐賡堯國學生先娶於俞爲姊愛蘭齊妹其續配也夫善書以病酒不問外事家遂中落齊妹至以縫紉佐之鄉中有針神之目不數年而夫亦卒二人所遇稍異而均以節稱光緒間各旌表如例

竺氏庠生梁珍妻適梁未十年而珍病臨危要以事舅姑撫孤

子竺哽咽允之後皆如其言有探以意者曰吾已與夫約泉下可欺乎聞者瞿然壽八十有九終珍子亦能克家

袁氏眉黛俞開酉妻也酉本屢人子傭工袁氏家勤操作因妻以女翌年舉一子夫婦甚相得酉益勤奮疾不起是年婦纔二十三也村聞氏賢謀媒娶不見納欲刼以去氏匿避不安枕者旦夕後卒完節以終

章氏姑媳雙節姑鄭家橋金氏夫名紹功年二十八去世遺子惠三纔六歲紹功病垂危猶囑以同穴婦淚不下咽强應之曰諾遂瞑目自是矢志終身無一間言媳張氏歸惠三不十年卒世亦以節稱

吳氏斑竹人郡庠生呂一鳴妻也呂少擅文名以縣試第一府試第一游於庠尤精選學留有夢梅詩鈔一本亦不完全後積病連年呂知不起私囑吳氏曰父母待我過於吾弟我死父母必加痛爾善體之氏心感夫言不敢多哭惟淚痕常濕枕褥間而已自是帛不加身人見之疑爲傭婦呂家財產萬金分產時從未計較叔有二子二女哺乳以外皆吳氏養字有一女其粧奩薄於叔女年六十有二尚存以上東區節

楊氏二節婦南鄉下新宅人盛氏夫悦志年二十夫病故即誓苦守人無間言媳俞氏失其夫名操行與乃姑同時人稱曰一門雙節康熙四十一年旌曰冰雪雙淸

王氏南鄉楊木齋妻歸楊逾年而夫病歿氏哀毁骨立悲不欲生諸妯娌更相勸解乃始加餐越五旬遺腹舉一子卒守節以終

陳氏南鄉楊友芳妻家甚貧舉一子璜未週歲而友芳卒氏年甫二十二有勸之改適者氏面唾之泣血自誓竟撫孤子歷五十年如一日

盛氏南鄉楊其嵯妻其嵯素病瘋至納采後病益甚父母以病故探其意氏曰婦人受聘便許終身卒奉舅姑命歸楊氏成禮數月後其嵯病革焚香默禱刲股以救絶而復甦者數次時年二十有三咸豐四年旌

朱氏南鄉人年二十一歸蘭堂（失其姓）邑武生也應鄉舉歸病乃割股肉和藥以進卒不瘳時氏年僅二十六享年三十二卒同治丁卯旌

張氏南鄉回山陳鍾山妻鍾山病篤氏默禱於家供大士前引刀割股投藥以進疾乃愈逾數年以舊疾復發而卒氏方二十四歲誓不欲生賴大父正言勸勉而止咸豐辛亥旌

吳氏南鄉下宅楊玉堂妻及笄即嫁玉堂試於杭既售病而歸遂不起婦年二十九已有孤從伯母命不果殉有族子某嘗逋氏負窘無以償謀諸其婦以氏寡而富且年少可以術陷設盛饌款氏氏箸未舉而婦託故去其夫掩入語挑氏氏怒而

歸痛中肝經纏綿二十年遂不救年五十九卒

盛氏南鄉冷灣儒家女也年十七歸舊澤梁其龍至十九而其龍卒無子亦無產姑媳孑然有富紳某方失偶聞氏賢媒聘之姑利其聘以逼氏氏勿許也再逼之氏如故姑知不可逼囑氏以女紅傭於人氏固女紅精絕遂得以女紅養其姑姑死典所居破屋營葬之乃編竹爲壁支床竈風寒勿顧也年七十餘而卒

朱氏南鄉梁際清妻回竹山朱澄川女也年二十歸際清其翁爲子婦蠶桑計於積淤村外置買沙地種桑千百本結茅數椽命子督工光緒十五年大水際清溺沙地間氏聞訃慟幾

絕以戚里苦勸而止時年二十八今已年近六旬矣里黨中惟聞其名多未見其人者南區以上節

黃氏一門雙節王氏梅渚人明嘉靖時黃舜强之妻同子禹清之妻俞氏均少年守節始終不變人以爲難者

王氏西坑陳建球妻幼聰睿能讀孝經列女傳年十九歸陳伉儷極篤越四年陳卒撫孤二歲啼泣之聲不出閫外是時姑已死事其舅甚孝內外無間言族有惡人素與氏夫有隙常欲置陳於死地而陳以病終不得已遷怒於其父若婦控諸官且誣龐聚揑爲冤孕一日邑令鄧侯晝寢夢一婦人披髮壞寢門直入大叫曰妾有奇冤賢侯不明願瀝肝膽以雪之

出佩刀刳其腹抉赤心如卵大血涔涔濺令衣令急切勿及救汗流浹背駭極而覺則門外已譁傳陳王氏到案出視之一闖然夢中婦人也遽扱其袪果得一利刃長五寸光閃鑠射人目蓋氏聞有是控非剖腹不能明故憤激痛哭而來也令於是離座而謝曰爾無然爾巾幗中安金藏也吾爲爾雪之遂笞惡人數百枷責一月卽釋時太守李公以名進士治越飭新昌令曰此何等罪可薄責了之宜擬重罪並拏禁主唆作狀者此乾隆五十五年事也

呂氏邑庠生梁玉音妻年二十一歸梁夫臨卒含飯時氏慟絕復蘇遂躍入棺以申同穴之義呂氏兄弟視殮者告曰非爾

誰活此男女遂不死子中士有文名隨業師進士楊闠山入都歸不一年而卒其婦張氏先一年卒氏并教養其子女一弱女而兼丈夫職且兼兩世事何瘁如之

何氏梁忠輔妻于歸九年而夫卒矢志守節人無間言氏年十一歲時父德順疾劇聞古人有刲股愈親疾之說遂割股肉以和藥而父病果愈是孝節兩全者也

張氏二節婦張天芳妻呂氏及子賢齊妻王氏也張氏世有隱德呂年十九來歸婣黨咸稱其淑婉不三年而夫歿絕食累日遺孤賢齊亦幾失乳始從尊長勸言以撫孤爲己任平時和藹有語及改嫁事者輒嚴詞以拒其子侄咸敬憚之梁進

士葆仁爲作傳至以信國正氣歌相比擬嫠居三十五年一無間言淸宣統二年旌表節孝王歸賢齊甫十年而夫病且危殆又欲以身殉姑責以大義以身所處者曉之乃始稍稍節哀仰事俯蓄一以姑爲則而所處之境益困喪葬婚嫁惟十指所出是賴蓋尤難之人方共爲悼歎及子德懷成立孫載陽又張大其門民國六年楊督軍齊省長會銜呈請褒揚其文曰有孫某久膺軍寄緒練戎韜屢濟時艱維持政局深知績著虎林實賴謀承燕翼大總統褒詞云貞順兼全古難其選用彰潛德再錫旌揚等詞共信爲兩世貞節之報云

范氏下田村俞元海妻家貧甚年三十三遭粵匪亂夫被害遺

二孤聞耗投水自盡後遇救遂潔齋誦經矢志守節享年七十有六

呂氏西山村任希之續配年二十五夫故遺一孤遂茹素潔齋以堅其志并好善舉凡橋梁道路及庵寺無不慷慨輸捐至今稱之享年六十歲

楊氏溪西何賓林之妻年二十一于歸何越四年舉一子不滿五旬而賓林卒時年二十有四後其父欲改字氏卽欲奔愬地下以頭觸柱血流不止遂以貞節終其身以上節西區

周氏明本府正衛呂欽明之妻同媳韓氏庠生一冲之妻撫孤守節兩世完貞云

俞氏太學生余天樞妻太學生余焯母也父鎬任岷山貳尹時所生自幼聰慧與從兄勸堯同受業塾師記誦內則諸書天樞體素羸代爲佐家政勤愼備至所天夭時年三十子焯九歲夫之仲兄天櫺與姒俞氏皆早逝侄文灿亦幼撫之如一家暇時講解經籍諸孫側立一字一義必曲引旁証須令明白曉暢而後已孫三以錞廩生

王氏藕岸儒士呂焜妻義士附貢生燧之孫媳庠生東之次媳也孝謹性成年二十有四夫亡守志無子撫姪庠生堡爲嗣甚有恩以婦道不宜頻接外人故一生不與家務伯歲貢生燿分炊妯娌間起居服食敬讓如賓以終身爲鄉里推爲閫

範已旌入祠

孫氏藕岸增生呂鎔妻歲貢生燿之孫媳庠生塾之長媳也母早亡兄經商於外父爲擇配輒以父老弟幼待兄歸議之爲辭故至二十八歲始適呂氏翁姑鍾愛之踰二年夫卒遂矢志完貞以終其身撫胞姪上舍景和爲嗣恩逾己出而所訓必以義方諄諄述先人舊德光緒間請旌入祠

陳氏蘭洲宿儒竺望暄妻靑年守節白首無瑕性慈善於藕岸嶺創立茶亭施茶以惠行人已請旌

東塢張氏一門三節呂氏庠生錦堂妻二十三歲守節王氏武生錦雲妻二十六歲守節楊氏太學生林生妻二十八歲守

節其家有此區額咸稱副其實云

張氏清附生呂文浩妻靑年矢志終身不佞佛不入廟燒香不入場觀劇尤爲閨範中所少撫幼叔尤以恩禮歲荒頻賑恤以樂善好施稱守節五十八年

丁氏孫慶松妻中年失偶光緒庚子洪水爲災合境遭慘撫憲委員放賑上海繭商募捐救濟氏於官商賑欵中貼十分之二以濟災民賴以生活者不少

王氏余雲顯妻洪楊之變雲顯被擄氏苦守望夫還越數十年無音信乃擇族子爲嗣以操冷冰霜旌

劉氏魏松根妻二十而寡遺一子卽殤家貧如洗茹苦堅守年

七十八操作如常北區以上節

呂氏陳晃妻嘉慶丙子舉人咸豐辛酉髮逆竄新出避相家庵遇賊正色詈罵持刀擊賊賊還擊之遂遇害同治元年九月奉憲題請覃恩晉封宜人詔入忠烈祠

石氏字秀媛石聲廣女鄭雲根妻也同治元年五月初十日避髮匪匿於五龍墺匪自剡大肆刼掠雖深菁密林盡被搜獲竟爲賊迹及欲繫婦婦不從脅之刃又不從且毒罵賊怒甚遂以刃劙其口而斃焉已請旌表得如例

石氏城二坊孫殿豪先生之妻也前清咸豐十一年流賊蟠踞縣城殿豪夫婦奉母出奔忽思父厝塘園後背山距城咫尺

恐遭燬夤夜來搬父骸遇賊被擄烈婦聞之痛不欲生即奔抵城南禹王廟乞還其夫賊不理烈婦哀哭不已既而大罵賊怒縛烈婦手足捲簟中焚之於廟外

呂氏名秀生歲貢生乃焵長女出嫁唐姓佚其夫名咸豐辛酉髮匪竄新氏走避途遇賊欲汚之氏誘至池邊反顏大罵賊怒欲殺之氏奮身躍池中潛水底良久疑賊已去伸首出窺爲賊所見卽以矛刺其首及身之要害斃於池中水爲之赤

錢氏俞蒔生聘婦也幼失怙外氏奪母志婦雖幼恒以爲恥字蒔生婚有日矣忽蒔生遘癘不起凶問至家人秘不與聞婦偵知之告祖父母欲奔喪不許出剪髮與便服授使者令殉

莖乃閉閣不食祖母及諸母曲諭之并令家人守視婦不得間遂强起食言動如常明日晨炊家人怪女不起破扉入視其毒發救以藥口噤不得入語祖母曰兒死大佳即以屍歸俞兒無憾矣遂卒訃聞夫猶未殮也族彥孝廉鴻逵爲作傳

卞氏潘毓芬妾廣陵人父邑諸生家貧年十二鬻於香山鄭觀察家故諱其姓名嫻禮法主人雅愛之不與羣婢伍光緒庚子潘大令毓芬爲觀察屬吏聞氏賢以乏嗣乞爲簉觀察具奩遣歸潘入門循分守禮尺寸不踰內外無間言會潘病失音氏憂甚焚香祝天代夫懺悔由是不衣棉者三年雖隆冬弗恤也歲甲辰隨夫旋里事大婦惟謹踰年潘病小愈仍赴

壽春至夏忽感痢霍知往侍疾衣不解帶數月如一日潘病
篤氏欲割股不知所爲聞人言截指三節能療痼疾引刀截
小指血奔如注忍痛不言爇以進潘厭藥氏力勸僅進一勺
竟無效歿於乙巳九月二十四日氏哭泣如禮亟請大婦礬
簪珥市衣衾親視含殮神色不亂家人知氏必以身殉力勸
阻之答曰吾已許亡人相從地下肯食言乎遽仰藥益以薑
酒不數刻殞乃二十六日亥時也年僅十九歲臨終語臧獲
婦曰寄語主人大恩未報勿重貽主人憂觀察聞報泫然厚
賻之壽春官僚嘉其志節莫不親臨弔奠慨助喪貲得五百
金歸葬於此見氏之烈爲罕有而潘之淸廉亦著山陽韋宗

泗有殉節紀事城區以上烈

姚氏麟角丁從泉妻幼養丁門十八歲合巹二十一歲喪夫氏無子女父兄苦勸之不聽媒說之力拒翁姑知其心堅無異議叔欲奪其志陰允嫁人私行强搶氏恐遭玷染卽服毒以殉年二十五歲

袁氏中溪張品森妻年二十八夫卒僅一女不翌日卽投池自盡迄今過其池者莫不哀之

二呂氏一西山袁庭樹之妻年十七爲袁氏婦越五年同治壬戌髮匪掠西山呂隨八十餘祖母何僂行避難匪至不及避匪把呂袖將脅之去呂不哭而罵祖母何持不舍匪揕何股

呂起奪刃遂遇害年二十二又呂氏中浦村庠生何元之妻同治壬戌隨夫避髮匪之難夫被匪戮呂亦駡匪遇害

俞氏中井庠生徐家祥之室同治壬戌與諸婦女避難細茅洋溪畔高山匪追廹之俞恐不免即躍水自盡時年十八又有何氏西山潘國祥妻同治壬戌髮匪夜掠不及避被擄何以幼兒在抱毁容以冀免匪挾之行纔數武乘間逸匪追急何極口駡詈投水死時年二十八

呂氏樓下潘銀葉之妻同治時人年二十七夫亡號哭悲慟日夜不息越日夫柩出呂即入房自縊

呂氏邑城人字儒碞潘英臺甫及笄養於潘未成禮夫亡舅姑

以貧故欲奪其志氏聞婚事已定仰藥自盡力救得免越旬日卒以不食死邑進士梁葆仁爲之傳

潘氏梨木邵培林妻也生有姿色性溫厚妯娌姻鄰無間言惟對外不妄言笑人不敢干以非禮咸豐辛酉十月粵匪竄新一日出東城擄掠沿途淫刼過梨木賊酋豔其色挑以言不動揮以銀不顧威以刀戈尤不變賊計無出强拽求合潘氏心計非死不免遂拔豎笄上銅針刺賊面深數寸賊憤以矛穿其胸腹而死以上烈東區

潘氏彩烟農家女棠墅梁其虎妻年十九歸其虎逾二年其虎卒欲以死殉有孕未遽定族有利其醮而媒之者聳其舅姑

舅姑促之潘氏哀之曰兒腹震果男也兒夫卒有後否則願再計欲姑緩其事也舅姑促愈急已納醮有日矣氏無奈何夜遁走哭其夫墓還躍於池而死梁孝廉槐林重婦烈請於官事聞詔旌其閭

梁氏名喜鳳南鄉梁金兩女塘岸頭張前標之妻也繼母盛氏性甚悍又不修邊幅時有一談命瞽者與盛民通前標傭於外氏獨居夜就寢矣瞽者恃盛氏寵撬入氏寢室氏覺即高聲喊四鄰驚起盛氏轉怒罵而撻辱之氏羞憤交集服毒而死梁氏母族訟於官宋知事雪其寃現金知事以烈婦表其墓南區以上烈

袁氏蘇秦施孝貴妻粵匪至村人懼擄掠均避林中惟氏被執脅氏作引導曰余不知甯殺我竟被害村人得無恙同時有張氏夏裔俞大江妻有姿色年三十一洪楊入境避難至下田村又被賊執欲汚之遂自盡

王氏梅渚黃春新妻庠生王懷濟女幼聰穎受父訓通書旨于歸後夫婦唱和均羡稱之不數年夫病故送棺厝於郊氏即仰藥畢命時咸豐己未十月初四日年二十三遺一子

王氏磡頭呂根錢妻年二十七時避難抱兒竄賊追及欲擄之氏不從遂殺之并及兒投其屍於水中又有俞氏廟前地趙青錢妻五都庠生俞揆臣女入門僅育一女咸豐辛酉氏挈

幼女避山中遇賊欲汚之不從遂遇害并及其女時年三十一又有王氏栗園山章世金妻年二十一避難於龍亭山戚家竟遇賊賊欲俘以往氏堅請曰甯死毋從遂殺於樹下時咸豐辛酉八月十三日以上列西區

徐氏清附生王贊昌妻同治壬戌洪楊餘孽繞境翁夫遠竄氏扶姑葉氏潛行賊刼姑去氏號哭趨前賊見氏少捨姑而就氏氏抵力阻抗連飲數刃斃命而姑卒脫已時氏年二十三事平請旌節烈准建專祠

徐素雲黃澤人附生徐建裳女年二十一字而未嫁同治壬戌洪陽之亂餘氛自甬城退攻包村竄經黃澤建裳合家被擄

賊見女姿色欲污之雲佯謂賊曰闔家隨行多累吾父母老不如棄之賊喜甚捨建裳夫婦挾雲走至長山潭雲紿賊渴思飲顧無器可盛水挈雲至潭沿就飲雲乘賊不及防一躍入潭亂平建裳回里悉女耗打撈女屍面色如生光緒年間請旌表准立專祠北區以上烈

呂氏本農家女幼字陳君乃祥未婚而夫卒訃聞貞婦痛不欲生父母婉勸而止遂矢志不嫁有富民欽其賢遣媒道意貞婦遽謂之曰兒生爲陳家人死爲陳家鬼所不殉夫者以上有二老在耳喋喋奚爲自是媒無敢入其門者後因陳氏翁姑俱沒夫兄覇佔遺產涉訟陳氏親族乃鼓吹彩輿迎貞婦

歸行嫁殤禮而已貧無立錐矣訴於官邑侯楊公斷還遺產
并贈以匾額曰難能奇節
孝女陳氏邑庠生商珍之三女名永定幼茹素以事親畜弟爲
職父母憐而許之撥田以資膳食女謹守是田間以餘利續
開阡陌迨父母先後下世弟亦成立迺請於親族將存由二
十三畝捐入大宗祠爲始祖忠烈公建祠祭享之費別設二
龕一奉父母栗主一備沒後設己位無改瞻依膝下之素縣
學教諭海甯封左垣爲撰記立石
陳氏名莀芬邑明經廷楷女幼字呂氏子名茹謙時皆在襁褓
及呂成童後患瘋疾卽告於陳令改字父母知女守義亦躊

躇數四告之果不可曰兒字呂氏呂氏以婦目我一旦染殘疾而背之人將不食吾餘矣亦庸知疾之不復愈乎父母語塞遂不復議無何而呂瘋死聞訃哀號不勝絕而復蘇者再曰是殆命也夫行有時矣其祖母逆料女必如此因爲勸慰曰余與汝父母年俱邁汝雖兄弟成行尤賴汝在能勤勞奉養呂素封食指多無煩汝井臼計也且死者長已矣汝孝於舅姑與孝於父母有二道乎言訖女更伏地哭嗚咽不止然以重違祖母命亦無可如何居母家茹辛飴蘗閭里見之者幾忘其事僅嘖嘖稱孝女是時粵賊寇邑中流離顛沛祖母以下皆相繼亡家本中人搶掠殆盡至貧無以殮女乃仰天

大泣盡鬻其簪珥備喪具哀毀過痛積成肝疾呂以胞弟子吉士爲嗣女病革時召吉士而勗以修行砥名勤儉治生以無負先志囑畢而逝年四十有三吉士遂扶柩與繼父合殯後有司採其事以聞旌典如例

陳氏俞蒼葭妻蒼葭故業儒未娶而卒陳氏矢志靡他父母勿許也別字之奩具已備遣嫁有日矣陳家去俞不及里氏素知其門一日晨起遽赴俞曰兒俞氏婦也不知有他姓如不蒙收有死而已俞憐其志不忍拒父母不得已仍歸俞後年七十餘而卒建坊西郊外石鼓山側

貞女張敬戒邑諸生張霞女也性嚴正父故以意字之曰敬戒

女體父命名之意又以爲吾母老侍奉常無人吾不字留以事母以母貽吾父憂年六十餘終於張

陳氏二貞女一芝芬女玉姑生十二年而母背弟學義甫二齡提携顧復不啻如母在閲六載父芝芬又見背由是矢志不嫁以撫幼弟持門戶爲職族有爲議婚者輙泣不應再三問則曰如吾去弟將誰依吾所以屢抗衆議者爲陳氏延一綫也聞者歛容謝之自是以室女終又有國學生繼緒少女名靜者幼聰慧舉止端詳父尤愛之因以靜名及長求婚者戶限爲穿未幾母死父漸老病兩弟又不善持門戶貞女遂矢志不嫁長齋修佛奉父終身云

梁氏後梁增生蓉莊女忠義陳志玉配蓉臺大令孫媳也各詳本傳中同治寇亂時噩耗至痛欲覓死者再家人勸之不如至陳門守貞方首允五年與父母同寢及歸陳終身無戲言而操作勤苦有常人所不堪者以故節縮所入助宗祠田二十畝爲推廣小學費并各善舉亦多而獨不信佛年七十三歲尚存

呂氏清庠生佐昌長女幼有夙慧稍長知書大父母鍾愛之踰於諸孫年十四字陳君恭煥爲室未婚喪所天婦痛不欲生誓以身殉母氏章力勸之曰兒知有夫獨不顧父母乎貞婦曰兒聞命矣但不死者兒之身已死者兒之心兒既爲陳氏

婦改字他姓決不爲也厥後求婚者踵相接父母知志不可奪拒之舅姑聞之竟從其志年二十二舅姑擇吉迎娶對栗主行夫婦禮事舅姑曲盡其禮以代子職舅姑亦愛之後相繼逝世貞婦益孤苦無怨言金知事送給匾額以旌其節今尙存城區以上貞

石氏二貞婦均石板橋人一爲梁登榮之室道光時人年二十三將婚夫亡石禀命父母至夫家成禮享年七十有三光緒朝請旌又一爲梁尙輝之室尙輝未婚身故女年十七過門守節始終一轍邑拔貢生趙振甲爲之傳

袁氏二貞女一爲西山建策女名恩妹道光時人自幼賢敏父

母愛之不忍字人女誓終身事父母年十八父母俱亡以弟幼一切家務獨力支持年四十五卒又有庭綸女名翠銀咸豐時人即恩妹侄女幼失母恩妹爲撫養及長亦立志自誓與姑如一節享年四十九咸稱爲一門兩貞女云

胡氏梅林山呂洪源室年十七夫被髮匪所害胡即立志守貞終身不字清光緒朝旌表入祠又有王氏大市聚趙金高之妻同治壬戌髮匪據新郊王合巹甫一日夫即被擄王聞悲號幾絕後數年不返知爲匪害始絕望焉家極貧惟賴父母時其緩急年七十有七尚存

梁翠鳳後梁金魁之女同治時人自幼貞靜敏慧以愛親友弟

主持家政不肯字人父母亦不忍嫁之蓋友愛出於天性也心如枯井操等寒梅享年六十卒

徐氏石富文妻茅洋明高之女幼卽字石年十四未嫁而夫殀求婚者接踵氏悲哭不自勝以死不他適爲誓父母竟無如何一日遇姑於里第垂淚而道曰薄命人無他志惟願爲石家婦俾夫瞑目泉下足矣厥後過門守志苦節自持姑亡悲痛成疾絕而復甦者數次壽七十八卒

呂謝胡三貞婦呂爲查林靈音之女字孫家田何懷修年十四卒呂年方十八誓不再嫁依父母兄弟十五年及三十三始往何家主持門戸卒年七十餘謝爲祝家廟廷謨之女字棠

洲唐先華少隨夫家夫先華卒謝年二十一未婚守志今亦七十餘矣又有胡貞婦爲胡卜宿儒郁文次女名翠芹字大坑陳鳳松次子正標正標病死氏即飲泣矢志不嫁百方勸之竟不可奪後父歿竟以毀卒年二十九陳氏即迎其柩而合葬之從其志焉

呂乾梅斑竹村人也其年二十餘尚未字其兄克榮爲爭田水激鬬被斃調人議出撫恤金以寢事貞女曰以兄賣錢不可力拒之領母訟之官卒得直仇死獄中時兄三子年俱幼念嫂寡母老又以多病誓不出嫁日倚針黹以存活漸有銖積次侄讀書入庠經商務農門戶再振皆出其賜東區以上貞

王氏南鄉東山頭人梁承鑑妻也初受承鑑聘行將娶矣而承鑑卒其姑遣价報凶耗氏神色如灰入房久之比价出候於途以髮一綹付价价諾而返即以髮殉比一歲遠近以氏賢媒价疊至其母欲諾之氏借禮東嶽廟逕至夫家拜姑姑錯愕不能成辭抱氏哭氏亦哭遂令氏拜所天木主爲矢志靡他年已五十有九非近隣罕有窺其面者南區貞

陳氏名全妹西坑人字潘品桂未經出閣潘釣魚洄潭溺水死氏即誓死守志逾年有踵門議再字者氏慮父母奪其志託言往省姨母姨母矜其志爲之導見姑媼媼見媳痛哭幾絕越日父知女往婿家促輿使回勸之再三終不聽且復命曰

薄命女不回矣遂以利及自刺其面自後在夫家四十餘年不少懈西區　以上貞均由採稿增節

表（以姓爲次）

俞氏

呂一本妻已旌
陳延齡妻已旌
章盛松妻
劉元爵妻
監生余天欞妻
萬石坑呂師清妻已旌
大名市孟光南妻
射圃庠生金諧甫妻
陳戴德妻
陳廷璋妻已旌
陳概鍏妻
章履亨妻

三涇劉循典妻
嶺根章約三妻
後梁梁鑒殷妻
梅渚黃耀榮妻
西山張琳瑜妻
山頭王啓照妻
丁錦川妻
徐學駿妻
渡王山王根州妻
章朝法妻
增廣生王鑑妻
龍黃堂王景顯妻

婁金朝妻
呂邦陞妻已旌
呂家溪王朝勳妻
王爾統妻已旌
西山袁嗣和妻
裘昌期妻
儒士梁葆初妻
徐驥占妻
梁官林妻
陳景申妻
陳躬莘妻

呂氏

陳于垙妻已旌
陳汝龍妻已旌
陳培梓妻已旌
陳植栩妻已旌
陳燧妻已旌
王以筠妻已旌
陳廷燮妻
陳作新妻
徐傳老妻
陳于塏妻已旌
莒溪金廷勳妻
黃壇人石履渭妻
西山袁美選妻
中井徐大剛妻
西鄉張廷松妻
劉門塢吳宗泮妻
附生余鳳霄妻
南山王耀奎妻
欽村曹華容妻
藕岸章百祿妻
廟前俞發鼎妻
前梁庠生薛忠獄妻已旌
王行順未婚妻已旌
潘師琦妻已旌

陳元標妻已旌

儒學潘勤未婚妻

烏石坑朱芹華妻

陳之璟妻

庠生潘　妻失其名

俞俊乂妻

俞有寶妻

俞向清妻

郡庠生張盈珠妻

俞墐堯妻

陳氏

庠生呂天喜妻已旌

章開運妻

眞詔唐起緯妻

結局山王功慶妻

梅渚黃家晉妻

廟前地趙青錢繼妻

蕉溪何根松妻

梁子勝妻

缸窰胡孝信妻

黃壇石崇籥妻

王覲文未婚妻已旌

陳恭煥未婚妻已旌有傳

盛于瀛妻

處士陳克彥妻

儒士石大川妻

庠生陳鼎鰲妻

庠生楊祖培妻

言文耀妻

前梁王金傳妻

渡王山王開遜妻

下丁李維孝妻

盛寶璜妻

俞蒼琮妻已旌

龍王堂梁承忠妻已旌

呂玉河繼妻

呂　岸妻已旌

山頭王智水妻
呂　秉妻已旌
孫廣周妻
呂振仁妻已旌
前梁王紹成妻
監生呂至剛妻已旌
渡山王寬松妻
呂康妻已旌
丁嘉鸞妻
王金生妻已旌
丁學可妻
庠生呂乃爔妻已旌
俞培槐妻已旌
處士呂坤元妻
太學生孫作人側室
庠生張世楨妻
余寶秀妻
李金玉妻

張氏

陳式邦妻
陳珆妻已旌
劉心乾妻
陳品元妻
茅洋石輝詔妻
下坑呂鍌妻
鄭家潘景仁妻
南山王洪生妻
呂蘭標妻
後山根錢永亨妻
梅渚黄心純妻
山頭王國鳳妻
山頭王　啓榮妻
山頭王和金妻
磡頭樊　妻名未詳
五都俞士和繼妻
蘭洲王文焯妻
廟前俞善政妻

監生陳之錕妻

生員章景懋妻已旌

孫小湊妻

章春松妻

王氏

張景堂妻

俞大弟妻

儒嶴潘玉桂妻已旌

胡卜胡天盛妻

長廾地張丙松妻

梅渚黃豐妻

山泊黃圞妻

丁潔溪繼妻

附生呂錫璋妻

徐師虞妻

大嶴底俞汝松妻

長廾地張樹華聘妻

太學生徐鴻占妻

俞培藻妻

呂乃豐妻已旌

庠貢例授修職郎俞賡妻

黃廷秀妻

陳宗商妻已旌

雪溪董洪朝妻

胡卜胡天培妻

南鄉楊相坡妻

西鄉呂長金妻

梅渚黃尚模妻

下田陳林錢妻

徐學漸妻

藕岸呂慶雲妻

渡王山俞小亭妻

陳蓉鑑妻

呂統妻已旌

高介眉妻

石氏

南洲丁森妻
橋頭呂三老妻
查林梁鼎才妻
卜塢梁世楊妻
梨木邵松林妻
梁家田梁洪久妻
大明市陳緒師妻
西山袁鶴年妻
茅陽丁順行妻
藕岸監生呂坶妻已旌
上浦庠生何冠鰲妻
監生呂茹梅妻已旌

潘氏

太學生元城妻姓無考
東山徐名玠妻
呂家駟妻已旌
南鄉俞爾耀妻
南鄉梁相壽妻
梁允憲妻
南鄉楊洪澄妻
王永蘭妻
南山王公彝妻
金交椅章炳火妻
山頭王信立妻
竹岸胡燮照妻
呂奇模妻已旌
俞贊堯妻已旌
邑庠生俞燮堂妻
處士呂構妻

梁氏

嚴家山潘濟美妻　西山袁嗣明妻
西山袁士相妻　中井徐其彥妻
曹家曹天性妻　南鄉楊斌臣妻已旌
回山楊日觀妻　官塘王倘譜妻已旌
南山王詠源妻已旌　缸窰吳其春妻已旌
楊錦元妻　庠生呂逑妻已旌
庠生呂華慶妻已旌　庠生呂念趙妻已旌
陳之珪妻　王正助妻

徐氏

儒醫潘學川妻　斑竹章林橋妻
上球梁金鳳妻　西鄉何鼎明妻已旌
蘭洲竺臨森妻已旌　呂鼎元妻已旌
佾生俞猜妻　陳鑅妻
石法隆未婚妻

胡氏

求塢吳遠昇妻　查林梁際蘭妻
眞詔俞聖昌妻　俞錫齡妻
監生余以鎏妻　前梁王洪球妻

前梁王福全妻
孔鋶行妻
呂蜜妻已旌
梁正和妻

丁氏

茅洋石瑤水妻
上球梁桐軒妻
南鄉楊文玉妻
官塘王炳國妻
陳其鼎妻
生員章熹妻已旌
劉思駙妻

吳氏

三溼劉士英妻
青壇陳繼川妻
梁家田梁朝宗妻
梅渚黃尙老妻
萬石張作舟妻已旌
廟前俞炳美妻
監生呂茹敬妻已旌
卜雙林妻

趙氏

張夏水妻
油車壆劉起全妻
翁生林妻

魏氏

監生余以鐸妻

藕岸呂夢朱妻

前梁王永春妻已旌

渡王山王開慶妻已旌

生員俞欽若妻已旌

國學生呂夢珠妻

章氏

陳蘭臺妻已旌

張金魁妻已旌

蕉溪何錦槎妻

南山徐啓位妻

望江山陳聖千妻

大莊王治顯妻

呂一水妻已旌

陳松年妻

孫氏

陳煊妻已旌

東塢庠生張子堅妻

呂熔妻

藕岸呂從虎妻已旌

藕岸監生呂巽峰妻已旌

藕岸呂允塞妻

蘭洲庠生竺子乾妻

盛氏

楊增輝妻已旌

上宅楊嘉樹妻

長爿地張登奎妻

董氏

三涇劉心魁妻　查林梁際烈妻

查林陳如江妻

袁氏

上球梁君泰妻　梅林山呂銀生妻

鷺鷥崗石小松仁妻

西山徐益元妻　坑西呂鎮揚妻

竺氏

呂　塘妻　天燈盞呂銀朝妻

徐叙琛妻　藕岸佾生呂曙照妻

藕岸庠生呂靈沼妻　藕岸呂廷啓妻

藕岸呂從正妻　欽村曹家彬妻

王家垣妻　太學生陳烜妻

處士呂樫妻

楊氏

梁紹達妻已旌　梁景生妻

廟外王小朝炳妻　梁孝思妻
兪金治妻

黃氏

山泊王治生妻　盛尊貴妻
鏗雅李朝和妻已旌　儒士梁士曾妻
盛笏山妻　俞秉佳妻

劉氏

陳　林妻已旌　潘貢貝妻
莒溪丁建相妻

求氏

陳尙勇妻　陳寶鏡妻
陳文炳妻

朱氏

孫　妻居黃澤已旌　蔡鳳翔妻
庠生呂觀光妻已旌

蔡氏
西山袁嗣均妻　楊　妻失名
楊紹英妻

唐氏
王思源妻已旌　董廣燮妻
例貢生俞瑞雍妻　俞文稿妻

錢氏
張家莊呂方林妻　葫蘆壄呂貴助妻

姚氏
武德騎尉陳心耕妻　麻車陳三省妻已旌

馬氏
王永金妻　孫　琪妻已旌

蔣氏
西山袁兆福妻　麻車卜世耀妻

曹氏　西山袁士旭妻　前梁俞連松妻已旌

鄭氏　唐家洲唐來翺妻　蘭洲竺永華妻

孔氏　渡王山金淵妻

戴氏　南鄉楊倫臣妻

葉氏　梅渚黄曾養妻

婁氏　下新宅楊友蒙妻

余氏

附生徐學青妻

孟氏 西鄉陳其全妻

沈氏 渡王山庠生王勳謨妻

施氏 俞應秦妻

淩氏 俞夢連妻

馮氏 布政司理問世襲雲騎尉崇祀省垣陳[illegible]翰妻

龐氏 范春山妻

任氏 儒士梁寶蓮妻

汪氏 高魁根妻　　太學生余鍾駿妻

高氏 俞　塾妻

茅氏 棗園求阿土妻

茹氏 呂振仁妻

宋氏 山嘴頭錢朝水妻　　監生呂仁堦妻已旌

李氏

平水廟金和明妻

周氏

西山任元信妻

金氏

山頭王咸勳妻

許氏

呂守曾妻已旌　凌錦潤妻

裘氏

呂時昌妻已旌

邵氏

呂一水妻已旌

何氏

監生王　偉妻已旌

樊氏陳乾世妻

竺氏呂仁垓妻已旌

貞女

竺氏名鼎三子順女蘭洲人　徐氏徐某女失名

陳氏監生坤川女　何氏名彩蓮愛棠女

王氏名大貞自紹女渡王山人　錢氏名彩鳳永雅女

按今祠祀内有陳呂氏俞呂氏贈太孺人呂張氏石陳氏呂陳氏呂俞氏潘呂氏俞潘氏梁楊氏陳呂氏陳呂氏勅封太孺人俞呂氏呂何氏呂梁氏陳呂氏張呂氏袁胡氏呂俞氏

俞呂氏張呂氏俞呂氏何徐氏張呂氏呂俞氏俞張氏陳張
氏未列外家本名未知有重複否仍誌以存疑可也

新昌縣志卷十四

寓賢

晉

王羲之司徒導從子晉書家世貧約未嘗以風塵經懷別傳羲之有英譽風骨清舉晉安帝記朝廷公卿皆奇其才器爲右軍將軍會稽內史初渡浙江便有終焉之志時孫興公與支道林共載往因論莊子逍遙篇作數千言才藻新奇留連不能已世說慕會稽佳山水名遂居焉剡金庭觀稱右軍故宅剡錄沈約碑記云高崖萬沓邃澗千迴因高建壇憑壇考室唐裴通記亦云其險如崩其聳如騰其引如肱其多如朋不三四層而謂天可升是其地勢險

峻可知而今嵊東金庭觀地極平坦不類所云及考宋陳永秩右軍祠堂碑文右軍隱剡東創金庭道院于罕嶺即王罕嶺詳王氏宗譜既與舊經所云縣東七十二里裴記縣東南七十里適合而其形勝益符蓋嵊東金庭觀唐宋以後始爲移造無非因右軍而名罕嶺金庭始本道院又名金眞館自唐宋以前本有金庭觀今獨荒廢故無人知之幾疑白氏義之居沃洲之言笑爲後人攀援陋習迄今千百年後前賢眞蹟竟有發見如此者由沃洲小紀增并詳古蹟門

戴逵字安道譙國人好談論善屬文能鼓琴工書畫其餘巧藝靡不畢綜性不樂當世徙居剡縣性高潔常以法度自處放達爲

非晉書多與高門風流者遊談者許其通隱晉安帝記郗超爲築室以居如官舍世說爲辦百萬資剡錄時王子猷居山陰夜大雪因詠左思招隱詩忽憶戴在剡卽便乘船經宿方至不前而返人問其故王曰吾乘興而來興盡而返何必見戴世說今自新嵊訴流而上至於雪溪往往由雪得名由戴安道始也閬風集

許詢等在沃洲者十八人眞覺寺記王戴已見上詢字元度高陽人有才藻善屬文晉陽秋讀與孫興公綽皆一時名流入剡山莫知所止或以爲昇仙晉中興書王坦之字文度述之子與郗超俱有重名洽字敬和導諸子最知名謝朗字長度原志作霞誤安次兄據之長子名亞元仕至東陽太守萬字萬石安弟劉惔字道生沛國人殷融陳郡

人孫曠之嘗爲剡令袁宏字彥伯小字虎何充字次道累遷會稽内史蔡系字子叔原志作叔子誤王敬仁修仲祖濛皆太原晉陽人先後均入剡游止云剡錄衞玠字伯玉世說與桓彥表未詳由白氏沃洲山記碑

增

孔淳之字彥深魯人也祖惔尚書祠部郎父粲秘書監徵不就淳之少有高尚愛好墳籍居會稽剡縣性好山水每有所游必窮其幽峻或旬日忘歸嘗游山遇沙門釋法崇因留共止遂停三載法崇歎曰緬息人外三十年矣今乃傾蓋於茲不覺老之將至也及淳之還不告以姓除著作佐郎太尉參軍並不就會稽太守謝方朋苦要之不能致使謂曰苟不入吾郡何爲入吾郭

笑曰潛游者不識其水巢栖者非辯其林飛沉所至何問其主終不肯往是與法崇在沃洲最久未知白記何以獨遺之（由南史增）節

阮裕字思曠以德業知名王敦命爲主簿甚被知遇裕以敦有不臣志乃終日酣觴以酒廢職出爲溧陽令復免官居會稽剡縣郎家焉拜臨海太守少時去職復除東陽太守尋徵侍郎不就還剡山有肥遁之志裕嘗以人不須廣學正應以禮讓爲先在剡曾有好車借無不給有人葬母意欲借而不敢言後裕聞之乃嘆曰吾有車而使人不敢借何以車爲遂命焚之（晉書）在東山終日靜默無所修綜而物自宗焉卒葬剡山其子傭甯普（晉書）傭

字彥倫仕至州主簿孫萬齡家在剡縣剡錄晉書萬齡次子甯出是其子姓不一在嵊固有後相傳新之眞溪洞卽裕故居山下亦有其苗裔或於歷臨海東陽二郡時由新就道棲止於此地爲久故亦有家室至剡錄稱別傳所云東山卽剡之東山阮光祿東山下其屬於新地者多矣

六朝

宋謝靈運陽夏人原志其祖元爲上虞人府志襲封康樂公宋降爲侯世卽以此稱之幼便潁悟博覽羣書宋書文章之盛獨絕當時文選名人錄既不見知常懷憤憤出爲永嘉太守宋書剡錄引元嘉起居注作臨海太守遂肆意遨遊父祖並葬始甯縣今上虞縣西南五十里義故門生數百鑿山濬

河功役無已巖壑千重無不遍歷世說嘗自始甯南山代木開徑直至臨海自作山居賦宋書所云遠近東南名山皆其實證或謂卽今三界地當自始甯岙界處言之今嵊亦有忠信坊是其居止必非一處故李白於天姥詩云然在新則自宋時卽有坊由康樂里改建云增 按卽本傳所言除口三江口等地名今皆不可考山居賦有脫字更甚白記所引詩暝投剡中宿明登天姥岑剡錄則稱旦發清溪陰暝投剡中宿互有同異全集亦佚幷詳坊巷門

唐

李紳字公垂潤州無錫人中書令敬元孫太和中爲浙東觀察使自宣武節度歷左散騎越州刺史由唐鑑剡錄增節官亦不同全唐詩錄傳亳州人少孤游剡止龍宮寺亦作龍藏老僧修眞曰後當領鎭此道幸願建飾吾寺

龍宮寺碑踰二紀乃一新舊遊之地賦詩以紀其事又自序其詩云新昌宅書堂前有藥樹一株今已垂拱前長慶中於翰林西軒下移得纔長一寸僕夫封一丸泥以歸今則長成名爲天上樹詩詳古蹟樹詳物產門幾有桓溫楊柳杜老朱櫻之感當時新昌尚祗有鄉原古蹟藝文有李白一詩誤爲新昌縣削之與瑞州之新昌同未建縣意必指此地而言且其龍宮寺碑亦言南巖海跡諸勝幷云時適天台必亦久旅此地後復重寓故其詩云然增

孟浩然自洛至越留越中兩年餘會稽掇英集臘月八日有至剡縣石城寺禮拜一詩全唐詩詳古蹟門是必至此歲月淹久者趙嘏亦有自石城寺早發一詩詳古蹟門馬戴寄剡中友人詩沃洲僧幾許天姥客

誰遇詩（全唐） 蓋皆未久居者朱放剡山夜月泛舟詩月在沃洲山上人歸剡縣江邊（全唐詩在一作到歸一作來） 白記亦引此蓋亦本謝詩意也孟於昌樂靈門等寺各有題詠又別李蕙蘭一絕云古岸新花開一枝岸傍花下有誰知羞將羅袖拂花落便是行人腸斷時原志爲襄州人隱於剡溪徵辟皆不就（萬歷府志） 客此必久（增）

宋

劉安世字器之（原志劉器之字安世名字已倒置置於文杜四相前時代亦紊至云其母爲石亞之女并原女德傳亦言之鑿鑿未知何本若元城本傳明言其父航爲太僕卿元城亦從爲廐牧幼即師事司馬光與原傳所言游學石溪相睽然或不止一師至其母訓言一如鄒忠浩母張氏言而史并不詳其母爲何氏志即云石亞之女荒誕殊甚亞之登第傳明言景祐元年年十七未婚故諷以尙主云云元城壽七十八卒在宣和七年名人年譜稱是年六月明甚則始生在慶歷五年亞之年尙祇二十七歲元城十七歲相距十年間安得有女以爲之母當時或因黃文叔得快婿周南一事其甥亦知名輾轉傳訛亦未可

知至如原文所言游學在義塾師司馬光則于四相外又添一相矣本志於各傳雖未能疏證類皆闕疑四相潭則以萬歷志已辨之詳故徑削去惟此則俚且褻不可不辨别於列女傳留其事或以似此者多乾隆府志當日列銜不乏名宿布衣錢泳尤號淵雅省志亦誤因之而於此傳亦僅改正名字以宋史未見四字了之抑何疏忽乃爾亦可見官書之難歟附識於此

元城人官至諫議大夫卒謚忠宣原志未第時或來石溪義塾一游或貶官嶺表迂道過此歟忠宣不藉石氏而傳石溪亦無待元城而顯山水勝區類引名流至止存疑可也增

朱子婺源人生於閩尤溪父松紹興十八年進士乾道九年命主管台州崇道觀湻熙元年始拜命宋史本傳原作紹興中不合五年浙東大饑提舉浙東常平茶鹽公事即移書他郡募米商蠲其徵及至則客舟之米已輻湊日鈎訪民隱按行境內徒從所至人不及知

所部肅然凡和買權酤之政有不便於民者悉釐革之隨事區畫必爲經久計（宋史本傳）令各縣並立義倉越民賴之在浙累年（萬歷府志）往來新昌見新剡民饑賑之與石宗昭石𡎺爲師友講明性理之學𡎺有中庸集解（詳四庫著錄中原志先作輯略誤）即采其說註中庸論孟亦多及之（江氏近思錄註）名石氏集解爲輯略其學直從伊洛得洙泗正傳故宋史爲創立道學傳嘗游南明山及水濂洞諸勝留題任氏璧爲梁氏書大學呂氏書東坡竹石卷至今寶藏弗失既而退居武彜有詩寄石斗文石斗文亦有詩以答之（由原志增節并詳古蹟門）

蓉臺評本內一卷嵩紀石氏義塾書院本末於四相則登文呂奉石城二書啟晏殊亦有留題一詩院長則加入胡安定程明道司馬溫公朱子則爲石克齋誌墓外并有往復請記四書殆皆於石氏譜中原文幾羅列北宋一代名賢而盡之以與各人本集及朱子全書不多見未敢率行闌入附識於此

陳傅良瑞安人登進士官至寶謨閣待制謚文節號止齋友朱熹張栻呂祖謙文名擅一時新昌袁氏延典塾事嘗館黃度家石呂二氏子弟多從之今郭外有報慈庵孝子呂蒙廬墓處也嘗留信宿爲呂琰作陳巖墓志又爲呂冲之作字說原志

葉適號水心永嘉人登進士官至寶謨閣學士謚忠定雄文奧學名重當時雅以經濟自負嘗往來新昌館於石呂諸氏與呂元之聲之友善爲聲之作呂丞行至今其家寶藏之原志

張即之字溫夫溧陽人參知政事孝伯之子由父恩授烏程丞歷官直秘閣嘗倡義辯王維中之死時論多之以能書聞天下金人尤寶其翰墨淳祐間往來新昌典平壺陳氏義塾爲書桂山

義塾大字及慈教庵碑記爲呂秉南書芳在庵竹山莊大字與書院山長潘孚書留耕二字又書石城椶巖大字俱爲世重原志

胡三省字身之號梅磵甯海人此據袁氏清容集其師友淵源錄作天台人登寶祐元年丙辰進士釋褐爲慈溪縣尉爲郡守厲文翁劾去注通鑑凡三十年咸淳初從淮壖歸杭都延平廖公見而韙之禮致諸家以授其子弟爲著通鑑凡例廖薦於賈相德祐元年乙亥從軍江上言輒不用既而軍潰間道歸里丙子避地至新昌師從之以孥免己失其書亂定返室購得他本注之始克成編全氏集胡梅磵書窖記并述其自記同同時遺民舒岳祥陳著號宋末三進士岳祥字閬風亦甯海人宋亡不仕邑中董氏養志堂及壽康精舍二記皆其手筆

自云丙子兵亂屢至其地閬風集幷序傳著字本堂奉化人宋時爲嵊令有惠政臨去民送至陳公嶺或因是名歷官至監察御史秘書監向與王平章爚主管機宜文字因與其二公子知江陰軍槻籍田令椸友善國變後槻椸亦不出時與往還東塢不勝麥秀秀離之感云本堂年譜幷詳古蹟門　增

明

劉基字伯溫青田人元至順間舉進士爲江浙儒學副提舉被劾歸博通經史於書無不窺尤精象緯之學西蜀趙天澤論江左人物以爲諸葛孔明儔方國珍起海上行省復辟以爲都事國珍懼厚賂基基不受用事者反授國珍官責基擅威福羇管紹

興明史幷詳本志大事記放浪山水凡新嵊蕭暨諸名勝游賞殆遍乾隆府志幷野獲編來青樓者宋參軍呂嶸所建以相天下士者也爲邑之名勝基每來下榻於越新編與邑人呂不用友善夜觀星象畫談兵略或通曉不寐咸呼之曰劉狂原志相傳基夢隙中觀日不用爲占之謂爲鳳陽之徵基亦首肯是與武林觀雲一事謂十年後應在金陵萬歷府志同一附會故神其說云由原志及本傳增節

王翊字完勳號篤庵慈谿人後居餘姚海東逸史爲人樸重人無知者丙戌浙河師潰意感憤獨行舜江干自語因私求士以所得館穀分給人感其義丁亥結壯士十八人起於四明之下管奉魯王年號浹旬得千餘人甯波諸生華夏以帛書來告內應謀洩

東南紀事翊乃入四明結寨於大蘭山居之戊子再破上虞浙東震動慈谿馮京第自湖州敗退亦與合軍海東逸史遂結老砦休兵求將是時山寨蔓延於四明八百里內邑人俞國望亦與焉翊任褚九如沈倫鄒小南等領五營毛明山等領五內司淸提督檄環甯紹台三郡村落團練自爲戰守兵自淸賢嶺入有孫悅者聞丁山敗中矢死直立不仆山中奪氣翊以四百人走天台東南紀事乞國望之兵間道入杜嶴擊破團練全氏王侍郎傳隨道收兵從至萬餘己丑八月自上虞出徇奉化庚寅八月翊合俞國望陳天樞之師復新昌北越餘姚拔滸山紹甯道梗諸師分二道入翊兵日蹙避於海上辛丑秋七月還山中爲團練兵執於北溪九

如入天台爲道士氣結而死東南紀事并詳大事記惟戊子年餘其蹤跡不出新昌天樞於破城後卽歿於新昌瘞地無考

清

貝子博洛康熙十三年耿精忠叛賊逼新昌貝子偕和碩康親王傑書督師至以計授文武擒斬招撫兩月而盡王恕甯海將軍惠獻貝子功德碑詳大事記聞其過境時一不擾民且於大佛寺行轅以文藝觀風試士優給獎勵首拔邑人陳太史捷爲最云

袁枚字子才錢塘人年二十卽以博學宏詞舉報罷後登進士改庶常因不習清書散館授知縣著能聲其後所居小倉山房卽其以經術治獄時所報德者也小倉山房集并各綺記未幾卽辭去風流自

賞江督尹式善將按之枚投以二詩立致禮蒲褐山房詩話遍游浙中諸山水來天台時適蘇令耀職官志乾隆四十一年任重來未知何年爲其私淑弟子復回邑任士民歡迎於亭館額聯有云三春花雨重攜鶴百里笙歌半入雲令順道聞枚至即假以延客枚見之愕然曰不意僻邑中有此風調爲覥覼者移時館於呂氏園其詩有云留賓館借亭臺地自註即此隨園詩語及本集中其淹流最久故題詠較多增幷詳古蹟門枚論詩尙性情又善爲駢文袁文箋正隸事或偶失眞要其天骨開張處實非時賢所及素不喜考據當時盛平無事値文字獄後盡致精力於一名一物中瑣屑繁碎枚蓋意有所指而慭之其實爲文詞須畧識字即詞章一家亦須知來歷邑某孝廉嘗於杭垣舊書肆中見一破帙八十本索價一百二十金見其蠅頭小字排日札記或經或子亦草亦眞點竄塗抹幾不可辨因其卷中有枚及隨園數小印始知卽此老所爲次日爲人以八十金購去此老自爲又若此殆所云不示人以璞者

茹芬號古香會稽人未第時任鼓山書院長爲諸生所難楊思萱彩煙詩集中贈詩有云大木豈畏蚍蜉撼之句後以狀頭歷仕至吏部尚書與藕岸義士呂邇交最深宦歸後往還數四嘗以仕進勸邇邇大笑不止古香會其意不復言邇新室落成取是亦爲政之意顏其堂曰亦政

葉蓁東陽玉山人以才豪俯視一切嘗往來夾溪道中借館於楊雲津家與雲津兄弟楊埏輩把酒論文極一時之盛贈碧亭居詩云世態憑榮落伊人有逸情生涯書滿屋品格玉連城春柳懷張緒秋蘭想屈平相逢訴衷曲杯酒快同傾由採稿增

仙

漢

劉晨阮肇剡縣人漢明帝永平十五年采藥於天台山望山頭一樹桃取食之又流水中有胡麻飯屑二人相謂曰去人不遠因過水深四尺許行一里又度一山出大溪見二女容顔絶妙便喚劉阮姓名問郎何來晚也館服精華東西帷幔寶絡左右盡青衣進胡麻飯山羊脯設甘酒歌調作樂日暮止宿住半年天氣和適常如二三月鳥啼悲慘求歸甚切女喚諸仙姬歌吹送之指示還路鄉邑零落得七代子孫傳聞祖翁入山不知何往太康八年失二公所在今劉門隖在縣東三十里舊經曰劉阮

入天台遇仙此其地也由剡錄續齊諧記增節并詳古蹟門

晉

袁根柏碩亦剡縣人因驅羊度赤城山忽有石門開豁前見二女方笄遂爲室家後謝歸女以香囊遺之根後羽化碩年九十餘由搜神後記增　案此與前傳是否同時同事輾轉傳訛均未可知惟均爲魏晉人手筆安知非身際滄桑厭聞離亂醉後遺懷類涉冥想未必眞有桃源其地也赤城志言宋仁宗景祐中天台僧明照亦因采藥親見金橋跨水有二女戲水上恍然如故事必取其人以鑿之則固矣仙云乎哉

六朝

宋顧歡字景怡鹽官人隱剡山好服食每旦出山鳥集其掌取食元嘉中寄住東府忽題柱云三十年二月二十一日因東歸卽元凶弒逆日也弟子鮑靈綬門前有樹六十圍上有精魅數見

歡印樹樹即枯死山陰白石村多邪病村人告訴求哀歡往村中爲講老子規地作獄病者皆愈又有病邪者問歡歡曰家有何書答曰惟有孝經而已歡曰可取仲尼居一章置病人枕邊恭敬之自差也病者果愈人問其故歡曰善禳惡正服邪此所以差也齊高帝輔政聘爲揚州主簿及踐祚乃至稱山谷臣進政綱一卷優詔稱美東歸賜麈尾素琴年六十四卒於剡山身體香軟道家謂之尸解由南史剡錄增節世競傳其靈蹟在剡與天台之間評本如原傳所言則在東府山陰上虞顧墅亦爲歡問學所剡錄往來無定特在剡最久尸解當必在剡惜其墓無考增

齊褚伯玉字元璩錢塘人少有隱操年十八父爲之婚婦入前門

伯玉出自後門往居剡瀑布山隔絕人物王僧達爲吴郡甯朔將軍邱珍孫與僧達書曰褚先生滅影雲棲抗高木食非折節好士何以致之齊書以禮招致伯玉不得已停郡信宿纔交數言而退宋孝建二年召聘不就齊高帝即位手詔吴會二郡以禮迎遣辭疾而歸敕於剡白石山立太平館舍之孔稚圭從其授道爲於館側立碑南史卒年八十六常居一樓仍葬樓所剡錄蓋伯玉兩居剡傳已明言之當伯玉年二十餘始在剡東瀑布山已三十年舊經即剡東之金庭觀也齊明帝爲伯玉置之後高帝建元元年爲伯玉敕立太平館於剡西白石山又居三十年稚珪立碑時明稱太平館剡錄先賢門與舊經所言伯玉居此三十餘年

適合後人第以其葬所之太平館爲其故居并以瀑布嶺爲山以當之幾忘剡東之瀑布山本有金庭觀與羲之古蹟同一埋沒是不善讀齊書與南史并爲剡錄仙道奇跡分門所朦也得此一解槪可冰釋由沃洲小紀增

黄天星姓蕭氏道成得賢師天下太平此爲碑文昇平末剡縣人倪襲祖行獵時見山上刻石有文凡三處苔生其上刮苔視之其一卽此碑舊有衞夫人碑在丹池山爲金庭洞天之東舊經云剡東七十二里剡錄云卽舊桐栢山唐天寶六載改爲丹池所云昇平年號在晉穆帝時張元覯所稱當必誤今更不知其處詳金石并古蹟門

隋

徐則本剡人居天台觀立道眞齋號隱眞陳文帝詔講道要徐陵欽其風致爲作頌焉隋晉王廣既入江左召問道法則遜免一夕死柩自江都還新昌道中多見則徒行令子弟掃室曰客至迆於此語訖跨石梁而去須臾柩至方知其異由隋書徐靈小錄增節

唐

司馬承禎字子徽河內溫人周晉州刺史裔之孫舊唐書本傳原作天台人少游學薄於爲吏遂爲道士事潘師正得陶隱居四葉之傳嘗遍遊名山止於天台武則天聞其名召至都降手敕以寵異之景雲二年睿宗令其兄承禮迫之至京引入宮中問及無爲之旨承禎固辭還山仍賜寶琴一張及霞紋帳而遣之開元九年元宗

又遣使迎入京親受法籙前後賞賚甚厚十年又還天台元宗賦詩以遣之十五年又召至令於王屋山自選形勝置壇室以居（由唐書本傳節）後又還賜號貞一先生先期告終忽若蟬蛻弟子歛衣空葬之（原志與大平廣記同入寓賢傳）是其一生凡四出四還（原志云則天屢召不起誤惟第四次何時還史亦未詳）所云縣東仙桂鄉悔山悔橋（天台志稿一作晦橋）但言開元中當是初次出山則天時尚出何必悔迄今台人爭之謂悔山在台橋不應在新不知由台而出道必由此蓋以唐時尚未割台隸新所誤奚斷斷爲同時有吳筠者爲魯儒士舉進士不第乃入嵩山（剡錄云字貞節華陰人去居南陽山與此皆不合）亦依潘師正爲道士盡通其術東遊天台在剡與越中名士爲詩酒之會元宗徵之（按此當尚在開元時剡錄言天寶初）

即被召後遊台剡與此又不合既至與語李白由鈎薦引自越至京當即在此時南鄉新書謂白遊會稽隱剡中谷今亦未知何地附識於此但名教世務而已天寶初紀綱日紊知天下將亂求還嵩山累表不許既而中原大亂乃東遊會稽嘗於天台剡中往來後竟終於越由唐書本傳節與剡錄不合惟在新地較明年一百餘歲童顏鶴髮常若三十餘弟子七十餘人由太平廣記增

賀知章字季眞拜秘書監天寶初夢遊帝居請爲道士還鄉以宅爲千秋觀明皇詩以餞之親賜鏡湖剡川一曲由唐書本傳剡錄節南唐徐鉉稱彭汭於會稽過壽隄得一石乃許鼎所撰通和祖先生碑其間載賀監後得攝生之妙負笈賣藥如韓康伯故事時往來天台上徧於人間此碑於元和時間存野客叢談是由明越入台則

剡川一曲必兼及新地可知矣增

宋

蔡華甫名必榮號默齋以字行宋少司馬禮齋七代孫也幼警悟博通經史百家長於著述有史義六卷元風集四卷行於世咸稱爲名儒延祐間膺部薦擢燕京行省恤刑每按獄明冤理枉人人稱平後致仕歸有婺寇縣簿蕭化龍欲以邑人搆亂奏殲之必榮白縣長火魯思密寢其事又朝命榷茶官欲取之彩烟一鄉必榮以爲不可均其稅邑人德之嘗遇異人授以道術遂精黃白修眞驅鬼神法夜夢片瓦載蟻數千飛入醴泉村中乃語其妻曰瓦女兆也汝娠必女以緣當適醴泉章氏子孫必繁

顧其族多苦早世我有一術能奪造化權已而果生女遂以適
章文燁嫁之日迎眞武像於轎前至其家爲之設醮建祠祀之
其族後多壽者一日偶出遊有道人來索酒持麻袋盛之既而
歸知其事卽翦白紙二條噴以符水凌雲而上化爲二白蛇投
其醮壇吸所懸佛像幷鐃磬等器道人哀懇因叱還之其婿文
燁嘗過華甫園中見有一虎驚走華甫曰無懼我當呼而來卽
馴伏於地其異術多此類自題所畫像曰在俗超俗居塵出塵
此身何幻方表其眞噫要識先天一炁煥然千古靈明鍊丹將
成使弟子看護夜登槖駝山坐石棋枰望火色烟焰卓越卽歸
取服之沐浴更衣謂諸子曰我將遠遊矣屍遂解有從子在天

台靑溪見其乘靑騾從二童子問之曰支遁邀我遊桐栢宮言訖不見志稿由兩浙名賢錄增

明

葉元生而奇詭幼時渡槐潭溺水得一赤面長鬚人救故不死自是遂通經咒諳五雷祈雨法成化間郡大旱守白公延之祈雨即時大澍府倅女爲妖所惑諸巫治之無驗元至書符少頃忽震雷一聲擊死巨蛇女病漸愈後不知所終云志稿由萬歷府志增

清

曹揚北區欽村人平日敦內行素無知爲修鍊家一日上元節與其友談揚州之勝聲色甲天下其梨園子弟率以家樂充之遇

歲時賽演尤出奇鬭勝揚曰能往遊乎其友曰固所願惜無杖頭資且縮地法耳揚曰某一處近揚州試與同行可乎令閉目隨行但聞颯颯風濤聲張目少視有水似溝急囑以屏息俄頃至一處令開目曰至矣果粉墨登場士女雜遝臺上於千金記後演掃花一闋歌者尤妍麗其友正注目揚忽促之歸再三不允於袖底出百錢謂我有事須先回此地離家稍遠當節縮用之用其半即止毋使一錢不留乃可其友方疑信參半而意在觀劇亦竟受之比劇散揚已不見詢之旁觀爲揚州某觀計無所出只得如其言而行及至家時已暮春揚竟羽化三日矣由採稿增

釋

晉

白道猷萬歷府志作帛白記曰道猷馮惟汭云本姓馮山陰人或曰羅漢僧天竺人高僧傳亦云卽竺道猷來自西天竺居沃洲山白記道猷肇開此山竺道壹在若耶山道猷以詩寄之連峯數十里修竹帶平津茅茨隱不見雞鳴知有人閒步踐其徑處處見遺薪始知百世下猶有上皇民開此無事蹟以待疎俗賓長嘯自林際歸此保天眞壹得詩欣然往訪之由剡錄萬歷府志增府志謂此詩卽陵峯採藥詩按開字當有誤道壹別有傳

竺潛字法深亦稱深公世說釋名不言潛白記始稱潛剡錄引庾法暢人物論卽宏道法師不知其族蓋衣冠之冑也世說劉注礐播山東爲中州劉公子弟永嘉致禮投迹陽

土居止京邑以業茲清淨不耐風塵考室剡縣二百里岬山中世說劉註本文作卬山舊經岬山在新昌縣東四十里與此又差異同游十餘人高樓浩然支道林慕其風範與高麗道人稱其德行因就買卬山原志作沃洲小山萬歷府志作小嶺公曰欲來當給不聞巢由買山而隱遁慙恧而已年七十有九終於山中由世說劉注及剡錄增節

支遁字道林稱支公林公又竺法師竺道人世說釋名沙門傳姓關氏林慮人高僧傳別名道林姓黃名元卿朱子語錄則以遁與道林爲二人往剡東岬山即前竺傳卬山明甚支公自言山去會稽二百里則前傳所言二百里均就會稽界言非專指剡東也清識元理任心獨往支遁別傳又幼有神理聰明透徹正傳謝安盤桓東山時與孫興公論汎海戲世說原注引中興書安先居會稽與支道林王羲之共遊處王濛重之曰造微之功不減輔嗣義之在會稽與交住靈嘉寺

入沃洲小嶺建精舍盧象詩元度常稱支道林高人隱處白雲深一去人間長不見千峯萬壑勢森森遁爲哀帝所迎游京邑久心在故鄉乃拂衣東還就巖穴沙門傳路由稽山入沃洲又建一精舍當又一地晚移石城山棲光寺府志有遺馬者受之曰吾愛其神駿山有放馬坡在縣東三十里有餉鶴者受之曰淩霄之姿何肯與人作耳目近玩養翮成使飛去世說曰支公好鶴住岇山有放鶴峯又有亭與淵均詳古蹟中孫興公每云遁稜稜露其爽謝朗幼與談論輒至相告謝公亦云林公雙眼黯黯明黑聞其會講或有所遺曰此乃九方歅相馬略其元黃取其駿色故與情好尤篤均詳世說每名辰至餘姚隖曰昔來就見安石輒移旬日今觸情是愁耳歿葬隖中舊經曰隖在餘姚縣西南十二里僧史曰遁經餘姚隖信宿彌日不去或問其意曰若安石相從未嘗不移旬日今觸目是愁耳乃移隖中永和元年閏四月四日歿葬隖中太平

廣記謂郗超袁宏等爲之作傳銘至世說引建康實錄曰墓在石城戴安道過而歎曰德音未遠而木墓已積蓋神理緜緜不與氣運俱盡耳高逸沙門傳又云年五十三終於洛陽未知孰是有文集八卷中以即色論爲最高妙由剡錄世說原志增節

竺曇猷高僧傳即曇光少苦行習結禪定游江左止剡之石城山有神現形詣猷曰師威德既重來止此山弟子輒當推室相奉其在台亦著靈蹟云由剡錄增

于法開遊石城住元華寺又移白山靈鷲寺與支公爭色空義弟子法威最知名開嘗使威出都當還山陰世說作使過會稽曰道林正講小品將無往見之威曰諾既至遁方捉麈威致難攻之遁曰君乃受人寄載來耶嘉泰志法開才辨縱横以術數宏教名德沙門題目始與支公爭名後情漸歸支意甚不分遂遁跡剡下由乾隆府志增

道寶本瑯琊王氏晉丞相導之弟也弱年妙悟避世辭榮親舊諫止莫之能制香湯澡沐將就下髮乃詠詩曰安知萬里水初發濫觴時後以學行顯亦住剡東岇山由府志增

竺道一即上道猷傳之道壹世說道一即道生亦道猷究未知是一是二但以前傳證之則明爲二人鉅鹿人宋文帝嘗問慧觀頓悟之義誰復習之即以道猷對世說仍作道猷勑臨川延入宮大集衆僧命伸述頓悟撫几大快世說原文從都下還東山經吳中雪下未甚寒諸道人問在道所經壹公曰風霜固所不論乃先集其慘澹郊邑正自飄瞥林岫便已浩然嘉泰志道猷傳壹既來石城而返此出如白記所言未知何時還居沃洲所稱十八僧如猷與法濳道林外剡錄謂自威至蘊宗實光識斐藏

濟度逞即十二人皆一字一僧府志則分道猷道壹法潛通林爲四外謂崙即法崇光即曇光斐即曇斐俱見剡錄中惟所云乾興淵當有誤意者亦如字讀乾即潛興即法興惟淵未知即剡錄亦未明言與世說所稱支遁道林本一人道壹道猷又一人開亦未知即竺法開否均皆測度而言釋氏本不言姓其所稱白竺曇道殆隨事各以佛書名義氏之固無一定歟增

六朝

帛光或曰曇光永和初至江東石城山下行數里坐石坎中夢種種惡三日見山神言移章安寒巖山以宅施光光就樹結廬久而成寺寺名隱岳原志本剡錄

僧護會稽剡人住石城山隱岳寺寺北有青壁千餘尺護每至其下輒聞管絃聲或發光怪即自誓願就青壁鐫十丈佛像以齊建武中用工經年纔成面像護俄臥病臨終誓曰再生當就吾志祐亦剡縣人作石像護授準式先是建安王聞始豐令陸咸剡溪之夢以僧護所造石像上奏詔祐董其事天監十五年告成舊說祐宣律師前身也原志本剡錄呂氏採稿又引佛經疏論曰梁時始豐令陸咸夢沙門二人謂曰建安王染患由於宿障剡僧護造彌勒像若能成之必獲康復乃白於王即召僧祐因舊工鏟入五丈至天監十五年畢工世稱三生石佛其一即淑亦護後身故云三生是則祐前身又爲護爲淑抑又轉一世未知彼教云何　記其事者爲劉勰字彦和著有文心雕龍當名刹碑刻多出其手少依僧祐以居後出家法名慧地梁書本傳亦來此

唐

元儼律師諸暨人法華寺在山陰縣落髮隸懸溜寺從光州諮受其戒探賾律範過上京崇福意律師及融濟律師印可偏弘四人分著輔篇記羯磨述章光州岸公命弘般若撰金剛義疏卽法華寺建置戒壇招集律行傾衣鉢琱鐫僧護僧祐所造石佛像開元二十六年恩制度人採訪使潤州齊澣迎師於丹陽令新度諸僧躬受其戒自廣陵迄於信安緇黃道俗受法者殆出萬人由評本增

隱空唐劉長卿嘗送其還故居詩云自從飛錫後意指一行飛錫事而言人到沃洲稀零落東峰上猶堪靜者探全唐詩又云莫買沃洲山時人

已知處又沃洲能共隱不用道林錢似卽此人其風致可想增

靈澈字源澄會稽湯氏子雖受經論心好篇章劉禹錫詩序從嚴維學詩抵吳興與皎然游貞元中西游京師名震輦下得罪徙汀洲入會稽歸東越吳楚間諸侯多賓禮招迓之終於宣州開元寺門人遷之建塔於越之山陰天柱峯有詩二十卷劉禹錫爲序澈自廬山歸沃洲權德輿爲之序由劉錄嘉泰志增

元

炳同字野翁邑張氏宋亡避四明之杖錫寺閉戶書法華經有志來非厭客靜裏欲書經之句一時遺老如黃東發等皆與之游由四明山志增

明

正虛居南巖寺內持戒律外若癡魔時或露宿衆僧多不知鄙之忽一日囑其徒曰我將坐化汝作一龕衆無信者至期有一老人傴僂而來引之入龕焚香一炷置正虛胸間遂誦法華經至七卷口中忽生烟身漸成燼惟餘衣履捻珠老人忽不見拾灰得舍利數枚其坐化臺尚存原志

新昌縣志卷十四